Inge Hoberg als Dreijährige. Eine Zeichnung ihres Vaters

KÖLN
Bibliothek

Emons

Inge Hoberg

Der Dom so nah und doch so fern

Das Leben eines Mädchens im Versteck und auf der Flucht

Mein Dank gilt Ralph Giordano, der mich ermutigt hat, das Manuskript zur Veröffentlichung weiterzugeben.

Gewidmet dem Andenken meiner geliebten Eltern.
Sie schenkten mir in schwerer Zeit mit ihrer Liebe
und Fürsorge das Gefühl, unverwundbar zu sein.

»Mit Gott ist der Verfolgte stärker,
als ohne Gott selbst der mächtigste Verfolger.«
Konrad Adenauer, Weihnachten 1933

»Vergiß die Kränkungen;
vergiß nie die Freundlichkeiten.«
Konfuzius

Manchmal habe ich das Gefühl, als sei alles erst gestern geschehen...

Der Sommer 1939 war wunderschön. Fast neun Jahre war ich alt und verbrachte die großen Schulferien in einem kleinen Eifeldorf bei Verwandten der väterlichen Linie. Das erste Mal ohne Papa und Mama von zu Hause fort, fühlte ich mich sehr erwachsen, obwohl mich doch manchmal das Heimweh plagte.

Drei Wochen voll schöner Erlebnisse waren bereits vorüber. Noch acht Tage, dann würde es Abschied nehmen heißen, zurück nach Köln und wieder in die Schule gehen.

Ich spielte im Garten. Hier gab es alles, was ein Kinderherz erfreuen konnte. Da waren viele Obstbäume und -sträucher, behangen mit reifenden Früchten, die zum Naschen verführten. Gemüsebeete wechselten mit schönen Blumen, und im Hühnerhof herrschte ein stolzer Hahn über seinen umfangreichen Harem. In einer Ecke des Gartens stand sogar eine richtige Schaukel.

Aus dem Hause klang Geigenspiel. Mein Onkel übte. Die Vögel zwitscherten, und die Insekten summten dazu.

Ich fühlte mich irgendwie einsam, denn mein Spielgefährte der letzten Wochen, ein weitläufig verwandter Vetter namens Guido, war wieder nach Hause gefahren. Er kam aus der Stadt Ulm, und dort begann die Schule bereits früher.

Wir hatten uns nach Kinderart gezankt und wieder vertragen und so manchen Streich gemeinsam ausgeheckt und ausgeführt. Manchmal machten wir uns sogar nützlich. So an dem Tag, an dem wir mit einem kleinen Wägelchen zu einem abgeernteten Weizenfeld zum Ährenlesen zogen. Damals bündelte man das Korn nach dem Schnitt noch zu Garben, die dann in Hocken zum Trocknen aufgestellt wurden. Unsere Aufgabe war es, die auf dem Stoppelfeld vergessenen Ähren zu sammeln. Sie dienten im Winter zur Aufbesserung des Hühnerfutters.

Noch heute meine ich den eigenartigen Duft aus Staub und Sonne zu riechen und den Geschmack unseres Proviants, bestehend aus Malzkaffee und Butterbroten mit Marmelade, auf der Zunge zu schmecken.

Nun war ich allein mit Onkel Heinrich, dem Pastor des Dorfes, und Tante Hedwig, seiner Schwester. Sie führte zusammen mit einer Haushälterin, Tante Klara genannt und seit vielen Jahren im Hause, die Wirtschaft. Heinrich und Hedwig sowie zwei weitere Geschwister namens Ernst und Gertrud, die in Euskirchen lebten, waren die Kinder von Großvaters Bruder. Alle vier waren unverheiratet. Vaters Vorfahren stammten ursprünglich aus dem Oberbergischen Land. Alle waren evangelisch, doch ein Bruder von Großvater war bei seiner Heirat zum katholischen Glauben konvertiert. So kam es, daß die Verwandten in der Eifel katholisch waren.

Onkel Heinrich liebte ich fast so sehr wie meine Eltern und Großvater. Er spielte sehr gut Geige, und manchmal durfte ich ihn zu einem Freund ins Dorf begleiten, mit dem er gemeinsam musizierte. So lernte ich manch schönes Konzert kennen und lieben.

Einzig dann, wenn mein Onkel in der Kirche die Messe las, war er mir vollkommen fremd. Der Singsang der lateinischen Liturgie veränderte seine Stimme für mich bis zur Unkenntlichkeit. Das da vorn war dann ein Fremder. Nach der Messe, ohne Weihrauch und festliches Ornat, war er dann wieder mein Onkel, wie ich ihn liebte.

Die familiären Zusammenhänge kümmerten mich damals wenig. Ich nahm alles als selbstverständlich hin.

In den letzten Tagen war mir aufgefallen, daß die Erwachsenen oft sehr ernste Gespräche führten, die meist verstummten, wenn ich das Zimmer betrat. Irgend etwas Unangenehmes lag in der Luft. Das merkte sogar ich in meiner kindlichen Unbekümmertheit. Es war bestimmt nichts Gutes.

So spielte ich also allein im Garten des Pfarrhauses und hatte eigentlich zu überhaupt nichts die rechte Lust. Mir fehlte der Spiel- und Streitgenosse der letzten Wochen mehr, als ich mir eingestehen wollte.

Der Tag verging wie alle vor ihm, nur vielleicht etwas langsamer. Nach dem Abendbrot ging ich zu Bett. Es war der 29. August. Gerade war ich eingeschlafen, da weckte mich Tante Hedwig.

»Komm, steh auf und zieh dich an!« »Warum?« fragte ich.

»Das wirst du gleich in der Küche sehen.«

Was mochte nur sein? Schnell machte ich mich fertig. In der Küche lüftete sich das Geheimnis.

»Papi, Papi! Du bist hier? Was ist los? Ist etwas mit Mami?« Ich war sehr aufgeregt. Vater beruhigte mich: »Nein, zu Hause ist alles in Ordnung. Wir haben nur erfahren, daß in den nächsten Tagen die Straßen mit Militärtransporten verstopft sein könnten. Wir alle fürchten, daß es Krieg gibt, und wollen dich vorsorglich heute schon nach Hause holen.«

Das also war es! Deshalb die Gespräche, die immer abbrachen, wenn ich ins Zimmer kam! Natürlich wußte ich, was ein Krieg war. Ich hatte ja schließlich Geschichtsunterricht in der Schule. Schnell aßen wir noch eine Kleinigkeit. In der Zwischenzeit hatte Tante Hedwig meine Sachen eingepackt und einen Obst- und Lebensmittelvorrat dazu gelegt. Es war ein trauriger Abschied von allen. Erst jetzt kam mir so richtig zu Bewußtsein, wie lieb ich Onkel Heinrich, den immer Gütigen, Tante Hedwig, die liebevoll Strenge, und Tante Klara, die mich verwöhnte und manch kleine Untat vertuschte, gewonnen hatte. Es war, als ahnte ich, daß ich so bald nicht wieder in mein Ferienparadies zurückkehren sollte.

Vor dem Haus stand unser Auto, Papas ganzer Stolz. Einer unserer Angestellten war mitgekommen, um auf der Heimfahrt das Steuer zu übernehmen. Papa war viel zu aufgeregt, um selbst zu fahren.

Es war eine gespenstische Fahrt durch die Dunkelheit. Wie Feuerfunken flogen Insekten im Scheinwerferlicht gegen die Frontscheibe. Häuser und Bäume huschten als Schatten vorbei.

Zwei Stunden dauerte die Fahrt. Dann erreichten wir Köln und unser Zuhause. Mama nahm mich aufatmend in ihre Arme. Ihre Einzige war wieder bei ihr und die Familie vereint!

Ich ahnte noch nicht, daß ein Abschnitt meines Lebens unwiederbringlich vorbei war.

Drei Tage später, am 1. September 1939, erfolgte die allgemeine Mobilmachung, und ein furchtbarer Krieg nahm seinen Anfang.

...

Nun war also Krieg! Was er für uns bedeutete, sollte sich erst im Laufe der Zeit zeigen.

Das Leben verlief vorläufig wie bisher. Sicher, einige Veränderungen gab es schon. Für Lebensmittel, Kleidung und bald auch für andere Gebrauchsartikel wurden Bezugsscheine ausgegeben. Noch waren die zugeteilten Rationen so reichlich, daß wenig Unterschied zu vorher bestand.

Bereits in den Wochen vor Kriegsbeginn war in jedem Haus ein Luftschutzkeller mit ausreichenden Sitzgelegenheiten, einigen Betten und einem Vorrat an Wasser und Kerzen eingerichtet worden. In die Brandmauern der Häuser hatte man im Keller Durchgänge geschlagen, die dann wieder leicht zugemauert wurden. Im Notfall sollte so ermöglicht werden, mit wenigen Hammerschlägen den Durchgang zu öffnen und ein zerstörtes Haus durch die Keller der Nachbarhäuser zu verlassen. Soweit lautete die Theorie. Auf den Dachböden mußten Wasser- und Sandvorräte sowie Feuerpatschen bereitgestellt werden. Verantwortlich für all das und noch einiges mehr war der jeweils ernannte Luftschutzwart.

Von Zeit zu Zeit hatte es Probealarm gegeben, erstens, um die Menschen an die Bedeutung der einzelnen Signale zu erinnern, und zweitens, um sie daran zu gewöhnen, beim Erklingen der Sirenen sofort den Keller aufzusuchen. Der Luftschutzwart, kurz auch Hauswart genannt, hatte dafür zu sorgen, daß alle Hausbewohner an der Übung teilnahmen. Wie bereits erwähnt, war das alles schon vor Ausbruch des Krieges geschehen. Mit anderen Worten: Alles, was nach der Mobilmachung geschah, war lange Zeit vorher fest geplant worden.

So manch ein Hauswart blühte mit seiner ihm übertragenen Verantwortung auf. Es gab Exemplare, die sich als kleine Generäle mit unbegrenzter Befehlsgewalt fühlten.

Wir Kinder fanden das alles lustig und spannend wie ein neues Spiel. Noch konnten wir uns nicht vorstellen, daß aus alldem einmal bitterer Ernst werden könnte.

Der Alltag mit Schule, Lernen und Spielen hatte mich wieder eingeholt. Weit weg waren die Ferienerlebnisse.

Fast täglich besuchte ich meinen heißgeliebten Großvater. Er war Papas Vater und der einzige Großelternteil, den ich noch besaß. Mamas Eltern waren bereits vor meiner Geburt und Papas Mutter 1935 gestorben.

Nun war auch Opa krank. Er siechte seit einiger Zeit langsam dahin. Vorbei waren die schönen gemeinsamen Spaziergänge, die meist bei einem Eisverkäufer endeten. Gegen Jahresende konnte er sein Bett nicht mehr verlassen.

Welch Unterschied zu dem lebenssprühenden Mann, der mit sechsundsiebzig Jahren noch Vizemeister im Preiskegeln geworden war und gleichzeitig einen Tanzkurs zur Auffrischung seiner Künste besucht hatte.

Sein Lebenswille kämpfte gegen den Tod. Aus heimlich belauschten Gesprächen der Eltern erfuhr ich, daß er an Krebs erkrankt war. Seine Schmerzen wurden mit Morphium gelindert. Mir gegenüber ließ er sich nichts anmerken, erzählte Geschichten und war noch lieber als sonst.

Im Februar 1940 verlor er den Kampf und starb. Wieder gab es einen Einschnitt in mein Kinderparadies. Ich vermißte ihn sehr, denn zu ihm hatte ich mit all meinen kleinen Sorgen kommen können, für die meine Eltern keine Zeit hatten. Noch Jahre später glaubte ich ihm auf der Straße zu begegnen. Er hatte das für die damalige Zeit hohe Alter von achtundsiebzig Jahren erreicht.

...

Inzwischen besuchte ich die vierte Klasse der Volksschule. Das Lernen fiel mir leicht und machte Freude, obwohl ich eigentlich eher zur Faulheit neigte. Enge Freundschaften gab es wenig. Zumindest ist mir keine in Erinnerung geblieben. Vielleicht ist man in dem Alter auch noch nicht zu intensivem Eingehen auf andere fähig.

Einige spezielle Erlebnisse aus dieser Zeit sind mir aber noch gegenwärtig, und ich erinnere mich, daß sie mich sehr irritierten und verletzten.

So meinte eines Tages eine Mitschülerin: »Hör mal, du bist doch auch ein Mischling ersten Grades, so wie ich?«

Was sollte das? Ein Mischling war für mich ein Mulatte oder so was Ähnliches, und ich war weiß wie alle anderen auch!

Also lachte ich und sagte: »Du bist ja verrückt! So ein Unsinn!« Damit war für mich der Fall erledigt.

Etwas später hatte eine meiner Schulkameradinnen Geburtstag. Da wir öfter miteinander spielten, gratulierte ich ihr und schenkte ihr ein Buch. Sie sah mich ganz verlegen an, nahm das Geschenk und bedankte sich dafür.

Dann sagte sie: »Bitte sei mir nicht böse, wenn ich dich

nicht zu meiner Geburtstagsfeier einlade. Meine Eltern meinen, es wäre besser für mich, wenn du nicht dabei bist.«

Ich kam mir vor, als hätte ich einen Schlag ins Gesicht erhalten. Was war mit mir? Ich war doch nicht kriminell! Meine Eltern zu fragen, traute ich mich nicht. Sie waren in letzter Zeit oft bedrückt und verstummten meist, wenn ich ins Zimmer kam. Ein Gefühl sagte mir, daß es besser sei, ihre offensichtlichen Sorgen nicht noch mit meinen Problemen zu vermehren.

Unsere Wohnung befand sich in einem vierstöckigen Haus, erbaut um die Jahrhundertwende. Es stand in der Kölner Neustadt an der Aachener Straße zwischen Ring und Grüngürtel.

Wir bewohnten vier Zimmer, Wohnküche, Bad und Toilette in der zweiten Etage. Ein langer Flur führte vorbei am Bad ins Hinterhaus, wo eine Familie zwei weitere Zimmer bewohnte. Beide Parteien benutzten die Toilette gemeinsam.

Samstagnachmittag war Badetag. Da wurde der große Badekessel im Bad mit Gas geheizt, und dann badeten wir nacheinander. Das geschah aus Spargründen und war allgemein üblich. Ich kam immer als letzte an die Reihe. Das Wasser war dann meist nur noch lauwarm. Die Seife wurde im Verlaufe des Krieges immer schlechter. Sie bestand aus undefinierbaren Zutaten und schwamm immer oben auf dem Wasser. Das war ihr einziger Vorteil.

Im Erdgeschoß befand sich ein Lebensmittelgeschäft. Ab und zu half ich den Verkäuferinnen beim Sortieren der Waren. Dafür fiel hin und wieder ein Bonbon für mich ab. Eine Kostbarkeit! Der Laden wurde links vom Hausflur und rechts von einer Toreinfahrt begrenzt, die in einen Innenhof führte. Zur Straße und links des Hofes befand sich das Wohnhaus, rechts bildete eine Mauer zum Nachbargrundstück die Grenze. Hinten war ein zweistöckiger Fabrikbau. Hierin befand sich im Erdgeschoß eine Autowerkstatt und auf den beiden Etagen der Klempnereibetrieb meines Vaters. Hier war ich oft zu finden. Von klein auf war hier mein liebster Spielplatz.

Auf dem Hof versammelten sich immer die Nachbarskinder. Die Teppichstange wurde zum Reck und die Holme des Handwagens zum Barren. Wir waren sehr erfinderisch bei unseren Aktivitäten. Oft machten wir auch die Straße mit unseren Rollschuhen und wilden Jagden unsicher.

...

Der Frühling des Jahres 1940 zog ins Land. Im Mai gab es den ersten Fliegerangriff. Wir hörten, daß einige Bomben leichte Schäden angerichtet hatten. Ein Haus war beschädigt worden, und viele zogen hin, um sich den Schaden anzusehen.

Wir Kinder suchten nach Flaksplittern und verglichen in der Schule unsere bizarr gezackten Schätze. Noch war alles für uns nur ein Spiel.

Eines Tages wachte ich auf und konnte mich nicht mehr bewegen. Ich war von Kopf bis Fuß steif. Unser Arzt wurde gerufen, der mich sofort ins Krankenhaus einwies. Es bestand akuter Verdacht auf Hirnhautentzündung.

Ohne die Erlaubnis meiner Eltern abzuwarten, wurde meine Wirbelsäule punktiert. Es tat infernalisch weh, und ich glaube, ich habe die ganze Station zusammengebrüllt.

Zum Glück erwies sich die erste Diagnose als falsch. Es handelte sich »nur« um einen akuten Anfall von Gelenkrheumatismus. Kein Mensch konnte sagen, wie ich daran gekommen war.

Vier Wochen blieb ich im Krankenhaus. Nach der ersten Woche war ich schmerzfrei und konnte nicht einsehen, warum ich noch bleiben mußte. Das Essen schmeckte scheußlich, und ich hatte Heimweh. Wahrscheinlich vor allem nach Mamas Kochkünsten. Ich wollte nach Hause.

Endlich war es soweit. Inzwischen hatte es wieder einen Luftangriff auf die Innenstadt gegeben. Diesmal waren die Schäden größer.

Zum Trost für den langen Krankenhausaufenthalt unternahmen die Eltern mit mir eine Dampferfahrt auf dem Rhein nach Rüdesheim und zurück.

Etwa auf Höhe der Lorelei ertönten plötzlich Fanfaren, und über den Lautsprecher wurde die Kapitulation Frankreichs bekanntgegeben. Die Menschen um uns herum jubelten und hoben die Hand zum Hitlergruß. Dann wurde das Deutschlandlied gesungen.

Meine Eltern waren sehr still und wirkten bedrückt. Den Grund dafür kannte ich noch nicht.

Nachdem sich die Aufregung gelegt hatte, kehrte wieder Normalität ein, und die Reise ging weiter. Wir fuhren durch das wunderschöne Rheintal an vielen Schlössern und Burgen vorbei und erreichten am Abend Rüdesheim.

Wir übernachteten in einer kleinen Pension und besuchten am nächsten Tag nach dem Frühstück das romantische Städtchen mit seinen Touristenattraktionen. Mittags fuhren wir rheinabwärts nach Köln zurück. Mit dem Strom war die Fahrt bedeutend kürzer, und abends waren wir wieder daheim.

Kurz danach wurde der Ausflugsverkehr auf dem Rhein eingestellt.

...

Leben und Krieg nahmen ihren Fortgang. Das Radio meldete einen Sieg nach dem anderen, begleitet von den Klängen klassischer Musik. Es gab für alle Gelegenheiten bestimmte Leitmotive.

Der Krieg hatte vieles verändert. Bei Einbruch der Dunkelheit mußten alle Fenster verdunkelt sein. Wenn das einmal jemand vergaß, erfolgte prompt von der Straße der Ruf »Licht aus!«. Damit sich die Menschen gegenseitig in der Finsternis erkannten, gab es mit Phosphor beschichtete Plaketten, die an der Kleidung angebracht wurden und in der Dunkelheit leuchteten.

Viele Männer befanden sich an der Front. Auch von unseren Arbeitern war nur ein noch nicht wehrpflichtiger Lehrling übriggeblieben. Vater hatte die Produktion auf kriegswichtige Güter umgestellt. Die Aufträge erhielten wir über Mittelsmänner. Offiziell trat unsere Firma bei den Abnehmern nicht in Erscheinung. Aus Altersgründen – er war bereits über fünfzig Jahre alt – war Papa vom Wehrdienst befreit. Der Hauptanteil unserer Produktion bestand aus Stellwerkleuchten, von denen offenbar unzählige benötigt wurden. An die Stelle der fehlenden Arbeiter waren Frauen getreten. Drei kamen morgens und drei weitere nach Mittag.

Im Oktober vollendete ich mein zehntes Lebensjahr. Damit war die Zeit gekommen, den »Jungmädeln«, der Vorstufe zum BDM – Bund Deutscher Mädchen, beizutreten. Die Verpflichtung hierzu war allgemein, und es gab wenig Ausnahmen.

Das System funktionierte folgendermaßen: Nach einem Probejahr bei den Jungmädeln mußte eine Sportprüfung abgelegt werden. Die einzelnen zu erreichenden Ergebnisse waren so festgelegt, daß normalerweise jedes gesunde Mädchen die Prüfung ohne Schwierigkeiten bestand. Ähnlich verhielt es sich bei den Jungen, die im Probejahr »Pimpfe« genannt wurden.

Nach bestandener Prüfung wurde im Verlaufe eines feierlichen Appells der »Knoten« verliehen, ein Ledergeflecht, das dazu diente, das zur Uniform gehörende schwarze Halstuch zusammenzuhalten. Außerdem waren die Absolventen der Prüfung nun berechtigt und dazu verpflichtet, die komplette Uniform der Hitlerjugend zu tragen. Sie bestand bei den Mädchen aus schwarzem Rock, weißer Bluse, Halstuch mit Knoten und brauner Uniformjacke, die wir wegen ihres Zuschnitts »Aapejäckche« – Affenjacke – nannten. Anschließend erfolgte der Treueid auf Hitler, und dann war man vollwertiges Mitglied beim BDM.

Ich wurde also wie meine Mitschülerinnen auch ein Jungmädel. Mama fertigte mir auf mein Betteln hin einen schwarzen Rock an und versah eine weiße Bluse mit dem vorgeschriebenen Abzeichen auf dem linken Ärmel. Begeistert war sie nicht davon, doch ich ahnte nichts von dem Grund. Ich war nun eingekleidet für die Teilnahme an den Zusammentreffen. Gleichzeitig verpflichtete die Uniform mich, auf der Straße jeden Uniformträger zu grüßen.

All dies erkläre ich deshalb so ausführlich, weil es für spätere Ereignisse von entscheidender Bedeutung sein sollte.

Die neue Gemeinschaft brachte manche Abwechslung. Die Zusammenkünfte sollten uns ganz allmählich und für uns nicht erkennbar im Sinne der Regierung schulen und programmieren. Dies erfolgte auf solch subtile Weise, daß auch Klügere als wir Kinder darauf hereingefallen wären. Bastel- und Chorstunden wechselten mit Geländespielen im Grüngürtel und Heimabenden, die der Instruktion dienten, ab. Letztere fanden einmal wöchentlich statt und sollten uns mit der Ideologie der Partei bekannt machen. Der Lehrstoff wurde uns auf raffinierte Art schmackhaft gemacht. Wir waren viel zu arglos, um die Perfidie, die dahinterstand, zu erkennen. Manches deckte sich sogar mit den von zu Hause gewohnten Verhaltensweisen. Vieles jedoch kam mir selbst damals schon reichlich rigoros vor. Immer wieder wurde die Minderwertigkeit Andersdenkender und besonders der Angehörigen der jüdischen Rasse hervorgehoben.

Meine Eltern hatten mir stets zu vermitteln versucht, daß kein Ding ganz weiß und keines ganz schwarz sei. Heute würde ich dies als Erziehung zur Toleranz bezeichnen. Damals wußte ich das natürlich noch nicht so zu formulieren. Auf jeden Fall hinterließ der Unterricht bei mir ein unbehagliches Gefühl, wenn wieder einmal von den »Außenseitern« die Rede war. Den Grund dafür konnte ich nicht benennen. Daheim jedenfalls erzählte ich nie etwas davon, warum, wußte ich nicht.

Eines Tages nun, es mochte etwa gegen Ende 1940 sein, war ich wieder auf dem Weg zu einem Appell der Jungmädel und trug meine uniformähnliche Kleidung. Da begegnete mir kurz nach Verlassen des Hauses der Ortsgruppenleiter in SA-Uniform. Vorschriftsmäßig hob ich meine Hand zum pflichtgemäßen Gruß.

Da packte mich der Mann grob am Arm und brüllte mich an: »Wie kannst du es wagen, mir den geheiligten Gruß des Führers zu entbieten, du verdammter Ableger einer dreckigen Judensau! Wag das nicht noch einmal, sonst passiert dir was!« Zornrot stieß er mich beiseite und stampfte davon.

Ich stand wie vom Donner gerührt! Was hatte der da gesagt? Konnte das wirklich wahr sein? Zum Glück war die Straße leer, und es hatte niemand zugehört. Ich schlich nach Hause zurück.

Mama machte Einkäufe, und Papa war im Betrieb bei seiner Arbeit. Das war mir ganz recht. Ich mußte erst das Erlebte allein verarbeiten. So hockte ich mich in meine Lieblingsecke auf der Fensterbank unserer Küche und heulte mich erst einmal richtig aus. In der Schule, bei den Jungmädeln, überall hatte man mir eingebleut, wie verächtlich und verbrecherisch Juden waren. Und nun sollte meine Mami, die ich doch lieb hatte, eine Jüdin sein? Da konnte doch einiges nicht stimmen! Mama war alles für mich, nur nicht verächtlich und verbrecherisch!

Nun bekam so manches aus der Vergangenheit einen Sinn. All die mir unverständlichen Anspielungen in der Schule, die ernsten Gespräche der Eltern, die abbrachen, wenn ich dazu kam.

Meine Liebe zu meinen Eltern stand jedenfalls außer Zweifel. So war der innere Zwiespalt schnell zugunsten meiner Mama und damit auch der Juden überhaupt entschieden.

Die Tür öffnete sich, und Mami kam herein. Sie sah mir gleich an, daß etwas nicht stimmte. Aufs neue weinend, erzählte ich ihr das Erlebnis des Nachmittags. Sie nahm mich ganz fest in die Arme. Auch ihr kamen die Tränen. Dann telefonierte sie mit Papa und bat ihn, sofort herüber in die Wohnung zu kommen.

An diesem Abend kam das Essen zu kurz. Wir saßen zusammen, und die Eltern weihten mich in ihr Geheimnis ein. Sie hätten es nur zu gern noch länger vor mir verborgen, um mir meine kindliche Unbefangenheit zu erhalten.

Ja, es stimmte! Mama war Jüdin, Papa Christ und ich ein sogenannter Mischling. Die Eltern standen unter dem ständigen Druck der Gestapo. Schon mehrfach war Papa aufgefordert worden, sich von Mama scheiden zu lassen, was für ihn natürlich nicht in Frage kam.

Um ihre Situation zu verbessern, hatte Mama sich bereits vor Monaten taufen lassen. Anschließend wurde die kirchliche Trauung nachgeholt und so die bereits angedrohte Annullierung der Ehe vorerst abgewendet. Mama wäre in diesem Fall sofort verhaftet und in ein Lager verschickt worden, und über das, was dann folgte, gab es nur Gerüchte.

Da Religion für meine Eltern nie besonders wichtig gewesen war, gab es für sie auch keine Bedenken bei dieser Entscheidung. Bei mir allerdings haben sie sorgfältig darauf geachtet, daß ich regelmäßig den Kindergottesdienst am Sonntagmorgen besuchte. Ich sollte so lange wie möglich ein normales Leben führen. All das erfuhr ich an dem Abend nur in groben Zügen. Die Eltern versuchten, mir nur die für mein kindliches Verständnis begreifbaren Tatsachen zu vermitteln.

Wie ich in späterer Zeit erfuhr, war der evangelische Pfarrer kein geringes Risiko mit Taufe und kirchlicher Trauung unter den gegebenen Umständen eingegangen. Beides war offiziell streng verboten. Um Schwierigkeiten bereits von vornherein vorzubeugen, fanden die Feierlichkeiten unter Ausschluß der Öffentlichkeit in aller Stille statt. Zum Schutz des beteiligten Pfarrers wurden sie vom Superintendenten der evangelischen Gemeinde Köln persönlich vorgenommen.

Als hohem Würdenträger der Kirche konnte ihm zu dieser Zeit die Gestapo noch nicht so leicht etwas anhaben. Später gebärdeten sich die Schergen des Regimes weniger zimperlich.

Auf jeden Fall wurde auf diese Weise vielen Menschen in gleicher Situation Leben und Freiheit vorläufig gerettet.

Dies alles wußte ich damals natürlich noch nicht. Erst nach dem Kriege haben es mir meine Eltern erzählt, nachdem ich beim Stöbern eine Bibel mit den mir unverständlichen Daten der Eheschließung fand.

...

Nun kannte ich also des Rätsels Lösung. Nach außen hin änderte sich für mich nichts. Ohne besonders darüber zu sprechen, verlief unser Leben wie gewohnt weiter. Allerdings wenn ich auf die Straße ging, sah ich erst vorsichtig nach links und rechts, ob vielleicht dieser Unmensch von der Ortsgruppe in Sicht war. Vor dem hatte ich große Angst.

Im übrigen aber machte es mir Spaß, alles das zu tun, was mir eigentlich per Gesetz verboten war. Also besuchte ich auch weiter die Appelle der Jungmädel und ließ mir nichts anmerken. Die wöchentlichen Instruktionen nahm ich jedoch bedeutend kritischer auf als bisher. Schließlich gehörte ich ja auch zu den sogenannten »Untermenschen«, gegen die sich die Polemik ergoß. Fast kam ich mir wie ein Spion auf Feindgebiet vor.

Kurz vor Weihnachten durfte ich zum ersten Mal in meinem Leben mit Papa in die Oper gehen. Die Eltern besaßen ein Abonnement, und als *Hänsel und Gretel* auf dem Spielplan stand, ging ich anstelle von Mama mit. Das alte Opernhaus am Rudolfplatz war ein imposanter Bau. Im Zuschauerraum wußte ich nicht, wohin ich zuerst sehen sollte. Unsere Plätze im zweiten Rang boten eine sehr gute Sicht auf die Bühne, die noch hinter einem wunderschönen Vorhang verborgen war. Am stärksten beeindruckte mich die prachtvoll ausgemalte Kuppeldecke mit dem riesigen Kronleuchter.

Das Licht erlosch, und dann wurde ich von Musik, Spiel und Gesang in Bann gezogen. Die Eltern hatten mir vorher die Handlung erklärt, und auch im Klavierunterricht war ich von meiner Lehrerin in das Werk eingeführt worden. So wurde der Abend ein unvergeßliches Erlebnis.

Wie es der Zufall wollte, hatte ich etwa eine Woche später Gelegenheit, auch das Schauspielhaus kennenzulernen, das an der Glockengasse erbaut worden war. In der Schule waren Freikarten verteilt worden, und so kam ich in den Genuß, ein Weihnachtsmärchen auf der Bühne zu erleben. Das große Theater war überwiegend mit Kindern besetzt, und rings um mich kicherte und lachte und schwatzte es, bis endlich die Vorstellung begann. Den Inhalt habe ich vergessen. Ich weiß nur noch, daß Trolle mit großen Nasen darin vorkamen.

...

Der Frühling 1941 kam mit zartem Grün und ersten Blüten. Leider brachte er auch gutes Flugwetter. Der nächtliche Alarm wurden häufiger. Bisher war in Köln nicht allzuviel geschehen. Die Ziele im Ruhrgebiet erschienen den Engländern wohl lohnender. Das änderte sich in der Nacht vom 1. zum 2. März. Nach Voralarm erfolgte gleich Hauptalarm. Offenbar war die Leitstelle überrascht worden.

Wir fuhren schlaftrunken in unsere Kleider, ergriffen unser bereitstehendes Notgepäck und rasten hinab in den Keller. Vorsichtshalber öffnete Vater noch vorher alle Fenster, damit die Scheiben nicht vom Luftdruck zerstört würden.

Diesmal war Köln das Angriffsziel. Bald krachten die Bomben, und die Flak bellte dazwischen. Ich saß neben meinen Eltern und klammerte mich an Mamas Hand. Zum Glück blieb unsere Gegend verschont. In anderen Stadtteilen jedoch entstanden erhebliche Schäden. Nach zirka dreißig bangen Minuten war der Spuk vorbei, und es folgte Entwarnung. Wir verließen den Keller, erleichtert, daß man uns für heute verschont hatte.

Der Frühling brachte für mich eine wichtige Veränderung. Nach vier Volksschuljahren sollte ich in eine höhere Schule überwechseln. Die Überlegung war, welches Institut in Frage kam. Die Kosten für ein Lyzeum überstiegen die finanziellen Möglichkeiten meiner Eltern. Zu jener Zeit war nur der Besuch der Volksschule kostenfrei. Also wurde ich bei der »Mittleren Mädchenschule I« am Rothgerberbach angemeldet. Die Schule hatte einen sehr guten Ruf und galt in ihrer Sparte als Eliteschule. Entsprechend stolz und erhaben fühlten sich ihre Schülerinnen.

Zuerst einmal mußte ich eine Aufnahmeprüfung ablegen. Obwohl ich sehr aufgeregt war und glaubte, nichts mehr zu wissen, bestand ich ohne besondere Schwierigkeiten. Am ersten April sollte ich zum Unterricht erscheinen.

Offensichtlich war mir das Schicksal wohlgesonnen. Ein Jahr später wurde die Aufnahme von sogenannten Mischlingen (oh, wie ich diesen Ausdruck haßte!) gesetzlich verboten. Zwar durfte ich die Schule vorerst noch weiter besuchen, doch spätestens mit Vollendung des vierzehnten Lebensjahres sollte ich dem Gesetz zufolge die Schule ohne Abschluß verlassen und zwangsweise in einer Fabrik arbeiten. All meine Wünsche und Gebete richteten sich darauf, daß dies für mich niemals Wirklichkeit werden möge.

Der erste Tag in der neuen Schule war aufregend. In die Grundstufe der Mittelschule waren sehr viele Mädchen aufgenommen worden. Man teilte uns in zwei Klassen ein, die die zusätzliche Bezeichnung »a« und »b« erhielten. Anfangs zählten wir in jeder Klasse etwa fünfundvierzig bis fünfzig Schülerinnen. Im Laufe der Jahre reduzierte sich diese Anzahl kontinuierlich aus den verschiedensten Gründen.

Meine Klasse war die Ib. Eine junge und sympathisch wirkende Lehrerin stellte sich als unsere Klassenlehrerin der nächsten Jahre vor. Dann rief sie die einzelnen Namen auf, um von uns einen ersten Eindruck zu gewinnen. Sie stellte den absoluten Gegensatz zu meinen bisherigen Lehrerinnen dar, die meist schon etwas ältlich und säuerlich wirkten. Ohne kumpelhaft zu sein, gab sie sich uns gegenüber sehr natürlich und ungezwungen. Wir mochten sie von Anfang an, und sie erwarb sich innerhalb kurzer Zeit unseren Respekt und auch unsere Liebe. Einige Jahre später heiratete sie. Ihr Mann sollte einmal einer der bedeutendsten Schriftsteller und Dichter der Nachkriegszeit werden. Sein Name war Heinrich Böll.

Nachdem wir uns nun einigermaßen gegenseitig beschnuppert hatten, erhielten wir als erstes den Stundenplan, der bis zu den großen Ferien Gültigkeit hatte.

Danach begann gleich am ersten Tag der Unterricht mit der ersten Englischlektion.

...

In der neuen Schule fühlte ich mich ausgesprochen wohl. Sicher spielte auch eine Rolle, daß keine von den Mitschülerinnen meine in den Augen der Obrigkeit minderwertige Herkunft kannte. Wieweit – abgesehen von der Rektorin, die natürlich eingeweiht war – das Lehrpersonal etwas wußte, war mir nicht bekannt. Zumindest ließ sich niemand etwas anmerken. Fast kam mir der Zusammenstoß mit dem Ortsgruppenleiter wie ein böser Traum vor.

Mit fortschreitender Zeit befreundete ich mich mit einigen der Mädchen. Besonders eng schloß ich mich Marlene, einer gebürtigen Ostfriesin, an. Sie wohnte nicht weit von mir in der Nähe des Zülpicher Platzes. Oft machten wir den Schulweg gemeinsam. Wir waren äußerlich sehr verschieden. Marlene hatte weißblondes Haar und blaue Augen. Mein Haar war fast schwarz und die Augen dunkelbraun. Gegensätze ziehen sich bekanntlich an. Sie war sehr selbstsicher, und ich war extrem schüchtern. Nach und nach wurden wir unzertrennlich und erlaubten nur wenigen, an unserer Freundschaft teilzuhaben.

Wir schafften es, in die gleiche Gruppe der Jungmädel – korrekt »Schar« genannt – zu kommen. Ohne daß sie es darauf anlegte, wurde Marlene mein Halt und Vorbild.

Mit dem Herbst nahte die Prüfung zur Aufnahme in den BDM, die im Kölner Stadion stattfand. Auf einmal hatte ich das Gefühl, ein Außenseiter zu sein. Rein äußerlich lag der Grund darin, daß ich aus meiner schwarzen Turnhose herausgewachsen war. Eine neue war nicht zu bekommen. So trug ich eine von Mama gestrickte beigefarbene Hose und schämte mich dafür. Mir blieb aber nichts anderes übrig, als so an den Start zu den Lauf-, Sprung- und Wurfübungen zu gehen.

Irgendwie hatte ich das komische Gefühl, als würden meine Ergebnisse bewußt falsch gewertet. Beim 60-Meter-Lauf zum Beispiel kam ich vor einer Läuferin ins Ziel, deren Zeit trotzdem als besser festgesetzt wurde. Ähnliches geschah bei Weitsprung und Kugelstoßen. Oder bildete ich mir das nur ein?

Einige Tage später traten wir zur Verkündung der Ergebnisse und der Verleihung des »Knotens« an. Wie üblich eine der Kleinsten, stand ich am Ende der Reihe. Ein Mädchen nach dem anderen erhielt Diplom und Knoten. Schließlich kam die Reihe an mich. Da sagte man mir, meine Leistungen hätten nicht ausgereicht, und ich müßte das Probejahr wiederholen. So eine Gemeinheit und Feigheit! Vor allen, die mit mir angetreten waren, war ich blamiert! Ich war wütend und fühlte mich betrogen.

Auch Marlene konnte mich nicht beruhigen. Sie hatte natürlich einwandfrei bestanden. Da faßte ich Mut und weihte sie in mein Geheimnis ein, bangend, ob nun auch sie sich von mir abwenden würde, wie so manche vor ihr. Nichts dergleichen geschah. Sie versuchte mich zu trösten, und unsere Freundschaft bestand ihre erste ernste Prüfung.

Marlenes Freundschaft ging noch darüber hinaus. Zum nächsten Heimabend ging sie mit mir zu unserer Scharführerin und stellte sie zur Rede. Der war das Geschehene sichtlich peinlich. Marlene trug ihre Uniform, während ich aus Protest in Zivil war. Selbstbewußt sagte sie: »Nehmt zur Kenntnis, daß wir beide nichts mehr mit der Hitlerjugend zu tun haben wollen. Wer gegen meine Freundin ist, muß auch auf mich verzichten!« Sprach's, nahm mich beim Arm und zog mich fort. An der Tür drehte sie sich um und rief »Auf Nimmerwiedersehen!« Dann schlug die Tür hinter uns zu.

Ich war entsetzt und besorgt, aber auch begeistert von Marlenes Mut. Doch ich machte mir Sorgen um sie.

»Mein Gott, Marlene, was hast du da gemacht? Was werden deine Eltern dazu sagen, wenn sie es erfahren?«

Sie strahlte mich zufrieden an. »Keine Angst! Ich habe meinen Eltern alles erzählt, und obwohl mein Vater ein Parteimitglied ist, ist er voll mit dem, was ich getan habe, einverstanden. Er meint, daß es sich mit seinem Rechtsgefühl nicht vereinbaren ließe, wenn unschuldige Kinder so behandelt würden.«

Damit war der Fall erledigt und unsere Freundschaft fester denn je. Auch außerhalb der Schule waren wir viel zusammen. Bei gutem Wetter spielten wir auf der Straße, streiften durch den Grüngürtel und verübten manche Dummheit. Bei schlechtem Wetter trafen wir uns bei ihr zu Hause, machten zusammen Hausaufgaben und spielten mit ihrem kleineren Bruder. Manchmal musizierten wir auch zusammen. Marlene spielte Blockflöte, und ich begleitete sie so gut wie möglich auf dem Klavier. Von ihrer gesamten Familie wurde ich stets freundlich und vorbehaltlos aufgenommen. Nie ließen sie mich spüren, daß ich eigentlich aufgrund meiner Herkunft nicht zum Umgang einer parteitreuen Familie gehörte.

Bis zu unserer kriegsbedingten Trennung blieb dies unser aller wohlgehütetes Geheimnis.

...

Der Krieg wollte kein Ende nehmen. Er weitete sich wie ein Krebsgeschwür aus. In Rußland stand den Soldaten ein harter Winter bevor. Japan überfiel Pearl Harbor, und Hitler erklärte im Dezember Amerika den Krieg. Noch wurde gesiegt. Und jedesmal erklang im Radio heroische Musik.

Es wurde zunehmend schwieriger, verschlissene Kleidung und defekte Gebrauchsartikel zu ersetzen. Da war Phantasie und Improvisation angesagt. Manch vergessen geglaubte Fertigkeiten kamen da wieder zu Ehren.

So flickte Papa unsere Schuhe und, neben seiner normalen Arbeit, durchlöcherte Kochkessel. Nach und nach kam die ganze Nachbarschaft mit ihren Nöten zu ihm. Darunter war auch ein Gastwirt mit seinen beschädigten Töpfen und Pfannen. Ecke Aachener-/Moltkestraße befand sich sein Lokal. Zwischen ihm und Papa entwickelte sich allmählich eine enge Freundschaft. Oft wurden die Reparaturen mit Lebensmitteln bezahlt. Kein Gold war in dieser Zeit so viel wert. Die Freundschaft zwischen den beiden Männern sollte später einmal lebenserhaltend für uns werden.

Die Autowerkstatt im Erdgeschoß unseres Betriebes hatte aufgegeben. Es gab kaum noch Autos zu reparieren, und Ersatzteile fehlten ganz. Die meisten Fahrzeuge waren von der Wehrmacht requiriert und der Rest weitgehend stillgelegt worden. Benzinzuteilungen gab es nur in Ausnahmefällen, wie Versorgungs- und Lebensmitteltransporte. Wie in alten Zeiten beherrschte der Handwagen weitgehend das Straßenbild.

In die verlassenen Räume der Autowerkstatt zog die Feldküche einer im Grüngürtel stationierten Flakbatterie ein. Gleichzeitig etablierte sich die Schreibstube der Kompanie im Erdgeschoß des Hinterhauses, das bisher als Lager gedient hatte. Wir betrachteten die Neuankömmlinge mit gemischten Gefühlen. Wir sorgten uns, daß die Nähe der Flakbatterie feindliche Bomben auf uns lenken könnte. Doch die Soldaten der Feldküche wurden bald die Freunde der Hausgemeinschaft. Sie versorgten uns mit den Resten aus der Feldküche. Dafür hatten sie stets frisch gewaschene und gebügelte Wäsche. So entstand eine ausgezeichnete Koexistenz.

Der Eintopf aus der Gulaschkanone schmeckte uns besser als ein Festessen. Das darin reichlich enthaltene Fleisch und Fett war bei uns längst zur Mangelware geworden.

Mama hatte im Herbst soviel Obst und Gemüse eingemacht, wie sie ergattern konnte. Auf dem Gebiet der Organisation – so umschrieb man das verbotene Hamstern – war sie unschlagbar. Irgendwie hatte auch ein Zentner Kartoffeln den Weg zu uns gefunden und lagerte im Keller in einer von Papa gezimmerten Kiste. Wir hatten fleißig Fallobst gesammelt, und Mama hatte von den Zuckerzuteilungen monatelang einiges gespart. Tagelang duftete die Wohnung nach Äpfeln. Geschält und entkernt, in Ringe geschnitten und auf lange Schnüre aufgereiht durchzogen sie unsere Küche zum Trocknen. Aus den Schalen und Kerngehäusen zauberte Mama köstliches Apfelgelee. Die gesammelten Pflaumen verwandelten sich teils im Backofen zu Dörrobst, teils wurden sie süßsauer eingelegt. All dies sollte im Winter unseren Speisezettel bereichern.

Alle Lebensmittel wurden knapp, Butter, Eier und Kaffee zu fast unerschwinglichen Kostbarkeiten. Schwierig war es auch, ausreichende Mengen Vogelfutter zu erhalten.

Wir besaßen einen Kanarienvogel, der zwar schon bejahrt war, aber immer noch schön sang. Dazu hatte sich nach und nach ein Wellensittichpärchen gesellt, das schließlich sogar Nachwuchs bekam. Einer der Jungvögel wurde mein besonderer Liebling. Hausbewohner erhielten von uns zwei weitere Junge zum Geschenk. Es waren sehr schöne Exemplare, und einer davon hat sogar Sprechen gelernt. Nach der Aufzucht der Brut wurde das Wellensittichweibchen krank und starb. Lora, das Männchen, trauerte ihr lange nach. Auch Bobby, sein Nachkomme, konnte ihn nicht aufmuntern.

Bobby entwickelte sich zum Alleinunterhalter. Er war vollständig zahm und flog frei in der Küche herum, sobald Fenster und Türen geschlossen waren. Abends spielten meine Eltern gern Halma, während ich las oder zuschaute. Bobby fühlte sich nicht ausreichend beachtet. Er flog dann ganz tief über das Spielbrett, und oft fielen vom Luftzug einzelne Spielpüppchen um. Die Eltern setzten sie dann wieder auf und spielten weiter. Eine kurze Zeit sah Bobby von Mamas Schulter aus zu. Dann flog er auf den Tisch und marschierte zielbewußt quer durch das Spiel. Alles fiel um. Bobby legte seinen Kopf schief und besah sich zufrieden sein Werk. Damit war das Spiel beendet. Er hatte sein Ziel erreicht und unsere Aufmerksamkeit erlangt.

Eines Tages hielt Mama auf dem Küchensofa ihre Mittagsruhe. Auf der Fensterbank stand ein Kessel mit rohen Kartoffelscheiben, die zum Abendessen gebraten werden sollten. Pötzlich wurde sie auf ein immer wiederkehrendes Klatschen aufmerksam und fuhr hoch. Sie traute ihren Augen nicht und schwankte zwischen Lachen und Weinen. Bobby saß auf dem Kesselrand, fischte zielsicher eine Kartoffelscheibe nach der anderen heraus, ließ sie auf den Boden fallen und sah ihr interessiert nach. Der Kessel war bereits zu einem Drittel geleert. Als Mama uns später das Abenteuer erzählte, haben wir alle sehr gelacht.

...

Unsere Wohnung war sehr geräumig. Mamas Eltern waren im harten Winter 1929 beide innerhalb einer Woche an Grippe gestorben. Meine Eltern übernahmen die Wohnung, froh, endlich ein Heim zu haben und heiraten zu können. Auch damals schon waren bezahlbare Wohnungen Mangelware.

Drei Zimmer lagen zur Straße hin. Gleich gegenüber der Eingangstür befand sich mein Zimmer. Das hatte Mama, bevor ich es bezog, möbliert vermietet. Nach der Wirtschaftskrise wurde jede zusätzliche Mark benötigt. Nebenan war Papas Reich, das Herrenzimmer mit Bücherschrank, Schreibtisch und so weiter. Zuletzt kam man dann ins Wohnzimmer, das jedoch nur zu besonderen Anlässen benutzt wurde. Dort standen die besten Möbel und auch das Klavier. Papa spielte gern und gut, und ich versuchte, es ihm nachzutun.

In den Zwischenwänden der drei Zimmer gab es Flügeltüren, die bis an die Decke reichten. So konnte man aus den drei Räumen bei Bedarf einen großen Raum bilden. Die Verbindungstür zu meinem Zimmer blieb stets verschlossen, zum Wohnzimmer jedoch war sie zumeist offen. Auf der gegenüberliegenden Flurseite lag das Schlafzimmer der Eltern und daneben die große Wohnküche. Die Fenster dieser beiden Räume gingen auf den Hof hinaus.

Wir hielten uns meist in der Küche auf. Das geschah auch im Hinblick auf die Heizkosten. Der Küchenherd wurde täglich benutzt, dagegen wurden die Öfen der anderen Zimmer nur bei besonderen Anlässen angeheizt.

Der vordere Flur bildete mit dem schon beschriebenen Verbindungsflur zu Bad, Toilette und Hinterhaus ein »T«.

Am Ende des vorderen Flurs zwischen Eingangstür und meinem Zimmer stand unser Eisschrank. Die Bezeichnung »Schrank« traf hier voll zu. Damals gab es in den meisten Haushalten noch keine elektrischen Wunderwerke. Die waren unerschwinglich. Selbst unser Eisschrank bedeutete schon einen nicht alltäglichen Luxus. Er war ein kompaktes Möbelstück, zirka anderthalb Meter breit und ungefähr ein Meter hoch. In der Mitte zwischen den beiden doppelstöckigen Schrankfächern befand sich der Eiskasten. Tag für Tag mußte er mit einem halben Block Eis gefüttert werden. Das Tauwasser fing eine darunterliegende Schale auf. Im Normalfall lieferte ein Eismann das erforderliche Eis. Er zog täglich im Auftrag der Eisfabrik mit seinem Karren durch die Straßen und kündigte sein Kommen mit einer Klingel an. Ein Block Eis kostete eine Reichsmark.

Auf diesem Eisschrank stand im Herbst und Winter der große Topf mit den eingelegten Pflaumen. Je seltener es Süßigkeiten gab, desto verführerischer wurde die Versuchung des Pflaumentopfes. Und manchmal nutzte ich aus, daß mein Zimmer ganz vorne lag. Wenn alles schlief, schlich ich leise zum Eisschrank und fischte vorsichtig zwei bis drei Pflaumen aus dem Topf, um sie dann mit Genuß zu vernaschen. Ich wußte genau, daß ich etwas Unrechtes tat, aber die Gier besiegte alle eventuellen Bedenken. Die Pflaumensteine ließ ich in meinem Ofen verschwinden, der nur bei äußerster Kälte geheizt wurde. Da ich immer nur wenig nahm, wurde ich nie ertappt.

...

Inge Hoberg 1931 mit ihrer Mutter

1932

1933

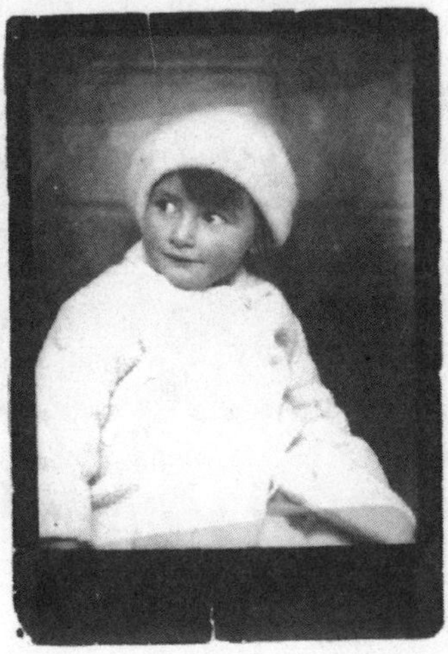

1933

Inge Hoberg mit dem Großvater 1938

1938

Der Vater 1939

1939

Inge Hoberg und ihre Mutter 1939

Die Freundinnen Annemarie (links), Marlene (Mitte), Annemarie (rechts) 1942

Inge Hoberg (links) mit den Freundinnen Annemarie und Annemarie 1942

Inge Hoberg (hinten links) mit den Freundinnen Marlene (hinten rechts), Marlenes Bruder (vorne Mitte) und Annemarie und Annemarie 1942

Auf dem Schulhof 1943

Der Winter Anfang 1942 war ungewöhnlich kalt. Das Thermometer fiel einmal auf für Köln außergewöhnliche minus 24,9 Grad. Ich erinnere mich nur an große Schneemengen.

Mit dem Frühling kamen auch wieder die feindlichen Flieger. Immer wieder ertönten die Sirenen, die uns in den Keller scheuchten. Bisher war für uns alles gut ausgegangen.

Dann kam die Nacht vom 30. zum 31. Mai 1942. Erst verlief alles wie schon so oft zuvor: Voralarm, Hauptalarm, runter in den Keller, warten, und dann Entwarnung. Kaum lagen wir wieder in unseren Betten, ging das Spiel von vorne los. Diesmal aber wurde es ernst für Köln.

Wie meist standen die Männer an der Haustür und beobachteten den Himmel. Nicht lange, da kamen alle eilig in den Keller, und einer sagte: »Ich glaube, heute ist Köln an der Reihe. Es ist taghell von den ausgesetzten Leuchtkugeln!«

Und dann kamen sie. Welle auf Welle hörten wir die Bomber anfliegen. Das tiefe, satte Motorengeräusch zeugte von der geladenen Last. Und die wurde über Köln abgeladen. Anfangs führte die Flak noch hysterisch das Wort. Nach kurzer Zeit war sie fast ganz verstummt.

Boden und Wände schwankten von der Gewalt der Detonationen und ihrem Luftdruck. Durch den Notausstieg fegten Staubwolken herein, die uns den Atem nahmen. Noch hielten die aufgeschichteten Sandsäcke das Schlimmste ab. Wir flüchteten in den Nebenraum, unseren Kohlenkeller. Der besaß eine gewölbte Decke und versprach bei Einsturz etwas mehr Sicherheit. Aneinandergedrängt warteten wir auf das Unvermeidliche. Unter uns gab es keine Feindschaften und Gegensätze mehr. Wir waren alle nur noch eine Reihe von angstgeschüttelten Kreaturen. Der Alptraum wollte und wollte nicht enden. Hier kamen wir sicher nie mehr heraus!

Wie lange es dauerte, wußten wir nicht. Das Licht war längst erloschen. Endlich kehrte Ruhe ein. Die Männer stiegen vorsichtig nach oben. Dann der Schreckensruf. »Oben brennt es!« Sie hasteten auf den Speicher, und es gelang ihnen mit vereinten Kräften, den von einer Brandbombe ausgelösten Feuerherd zu löschen.

Das Haus war gerettet. Die meisten Fenster besaßen noch intakte Scheiben da wir – wie stets – alle Fenster geöffnet hatten.

Über der Innenstadt flackerte roter Schein, und penetranter Brandgeruch, vermischt mit dichtem Staub, lag in der Luft.

Das ganze Ausmaß der Vernichtung wurde erst am Morgen sichtbar. Die Altstadt lag in Schutt und Asche. Ob wohl meine Schule noch stand? Sie lag mitten im bombardierten Gebiet.

Ich holte Marlene ab, bei der auch noch alles in Ordnung war. Gemeinsam gingen wir unseren vertrauten Schulweg durch verwüstete Straßen. Viele Brandherde schwelten noch. An manchen Mauerresten waren Botschaften oder Suchmeldungen mit Kreide geschrieben.

Auch unsere Schule war nicht verschont geblieben. Von außen sah man nicht viel. Jedoch der hintere Flügel des Gebäudes mit Chemiesaal, Aula und Turnhalle war zerstört. Auch auf den beiden Schulhöfen klafften Bombentrichter.

Wir versammelten uns in unseren Klassen. Fenster gab es keine mehr, überall lag dichter Staub, und alles war mit Mörtel und Glasscherben übersät. An Unterricht war nicht zu denken. Wir sollten heimgehen und am nächsten Tag wiederkommen.

Und dann erfuhren wir, daß zwei Schülerinnen unserer Klasse, ein Schwesternpaar, nie wieder unter uns sein würden. Ihr Haus war von Sprengbomben zerstört worden und hatte die Menschen im Keller verschüttet. Ein Entkommen in die Nachbarhäuser war nicht möglich gewesen, da auch diese vollständig zerstört waren. Ohne Aussicht auf Rettung erstickten sie zusammen mit den übrigen Bewohnern des Hauses im eingestürzten Keller.

Das erste Mal hatte der Krieg Menschen aus unserer Mitte herausgerissen.

Die *Chronik der Stadt* Köln berichtet über diese furchtbare Nacht folgendermaßen:

»Bei dem bislang größten britischen Luftangriff auf deutsches Gebiet kommen 474 Menschen ums Leben, über 5 000 werden z.T. schwer verletzt. 3 330 Gebäude werden völlig zerstört, weitere 9 510 stark beschädigt. (...) 45 000 Einwohner im zerstörten Köln verlieren einen Großteil ihrer Habe und sind über Nacht obdachlos.« (vgl. Seite 133)

Der Angriff ging unter der Bezeichnung »Tausend-Bomber-Angriff« in die Annalen des Krieges ein.

...

Die Schäden an unserer Schule erlaubten dort vorläufig keinen Unterricht. So wurden wir in die »Mittlere Knabenschule« in der Trierer Straße einquartiert.

Nicht etwa, daß wir mit den Jungen zusammen unterrichtet wurden. Das wäre zu schön gewesen. Aber da stand der heilige ›Sankt Moralius‹ schützend davor.

Um jeden verderblichen Umgang mit dem anderen Geschlecht zu unterbinden, erfolgte der Unterricht nun schichtweise. Eine Woche kamen die Jungen morgens und wir Mädchen nachmittags, und in der nächsten Woche wurde gewechselt. So sollte niemand benachteiligt werden. Die Pause zwischen Morgen- und Nachmittagsschicht war so bemessen, daß ein Zusammentreffen theoretisch nicht möglich war. Doch bekanntlich ist alle Theorie grau. In der Praxis fanden die Interessenten ausreichend Mittel und Wege, die gutgemeinte Fürsorge zu umgehen. So manches Tintenfaß im Pult diente als Briefkasten. Das galt vor allem für die oberen Klassen. Wir Jüngeren hatten damit noch wenig im Sinn.

Einige Monate dauerte die provisorische Instandsetzung unserer Schule. Erst dann konnten wir wieder zum Rothgerberbach zurück.

Während dieser Zeit versetzte ein Brief meiner Klassenlehrerin an die Eltern uns in Angst und Schrecken. Mama wurde zu einem persönlichen Gespräch gebeten. War es nun soweit? Mußte ich schon jetzt die Schule verlassen?

In den letzten Monaten waren die Eltern immer wieder von der Gestapo vorgeladen worden. Jedesmal saß ich dann ängstlich zu Hause, voll Sorge, daß man sie festhalten könnte. Groß war dann die Erleichterung, wenn sie wieder gesund daheim waren.

Meine Eltern erzählten nur wenig von dem, was mit ihnen im El-De-Haus, dem Sitz der Gestapo, geschah. Lediglich von ihrer immer wachen Sorge, ob man ihnen die elektrisch gesicherte Tür in die Freiheit wieder öffnen würde, berichteten sie mir.

Nun also sollte Mama in die Schule kommen. Das Gespräch war zur großen Pause angesetzt.

Ich wartete ungeduldig, hatte für kein Spiel etwas übrig und konnte an nichts anderes denken. Endlich erschien Mama auf dem Schulhof.

»Was war nun? Muß ich aufhören?« fragte ich, ihr schnell entgegenlaufend. Sie schaute mich ganz lieb und leicht lächelnd an. »Unsere Aufregung war unnötig. Stell dir vor, deine Lehrerin meinte, du solltest aufgrund deiner Leistungen ins Lyzeum überwechseln. Sie wußte ja nicht, daß wir das Geld dafür nicht aufbringen können. Aber dafür hatte sie Verständnis. Es bleibt also alles beim alten.«

Das war eine tolle Nachricht. Und das, obwohl meine Noten sich nicht besonders vom Durchschnitt der Klasse abhoben. So gut hatte ich mich nicht eingeschätzt.

Froh war ich aber, daß aus finanziellen Gründen ein Wechsel nicht möglich war. In meiner Schule war ich glücklich. Hier hatte ich meine Freundinnen, und auch die Lehrerinnen waren durchweg nett. Hier in dieser Schule war ich nicht minderwertig!

...

Die Monate verstrichen. Wieder standen die großen Ferien bevor. Alle waren wir ständig unausgeschlafen. Kein Wunder, denn immer wieder rissen uns die Sirenen aus dem Schlaf. Kaum eine Nacht verging störungslos. Mit der Zeit suchten wir nur noch im Ernstfall den Schutz des Kellers. Seit dem 31. Mai 1942 hatte es keinen großen Angriff mehr gegeben. Doch der Schlaf fehlte uns einfach. Viele kleine Nadelstiche können bekanntlich genauso verwunden wie ein einziger Schwertstreich.

Unsere Klasse war zusammengeschmolzen. Viele Eltern schickten ihre Kinder in den bislang von Luftangriffen unbehelligten Osten und Süden Deutschlands. Kinderlandverschickung nannte man das. Auch meine Eltern sorgten sich um meine Gesundheit.

Da kam ihnen das Angebot der evangelischen Gemeinde gerade recht, die einen freien Pensionsplatz zur Erholung in der Eifel anbot. Das evangelische Waisenhaus war von Köln in die Trappistenabtei Mariawald oberhalb von Heimbach im Rurtal übergesiedelt. Gegen geringes Entgelt und nach Auswahl der einzelnen Gemeinden wurden zeitweise Kölner Kinder für einige Wochen als Gast aufgenommen. Diesmal war die Wahl auf mich gefallen.

Einerseits trennte ich mich nur ungern von meinen Eltern. Andererseits lockte die Aussicht auf Ferien in der freien Natur.

Meine Eltern begleiteten mich auf der mühsamen Anfahrt. Nach Umstieg in Düren zuckelte eine Kleinbahn mit bimmelnder Lokomotive mit uns das Rurtal hinauf bis

Heimbach. Von dort aus hieß es laufen. Der Weg führte in weiten Serpentinen den Berg hinauf. Etwa nach einer Stunde Fußweg erreichten wir ganz oben die Abtei.

Mächtige Mauern verbargen den Klosterbereich. Freien Zugang für Passanten boten nur die Kirche und die Gaststätte, die von einem der wenigen im Kloster verbliebenen Mönche betreut wurde. Die Abtei war weithin berühmt für ihre Kräuterliköre. Bis auf drei oder vier Mönche waren die Trappisten in andere Klöster umgezogen und hatten so dem Waisenhaus Platz gemacht.

Wir waren angemeldet und wurden von der Oberin des Waisenhauses, einer älteren Diakonissin, in Empfang genommen. Der Abschied von den Eltern fiel mir schwer. Plötzlich kam ich mir wie ausgesetzt und verlassen vor. Sie versprachen, mich so bald wie möglich zu besuchen, wobei die Oberin eine saure Miene zog.

Sie übergab mich einer anderen Schwester. Die führte mich in mein Zuhause für die nächsten Wochen. Jungen und Mädchen waren in getrennten Flügeln der weitläufigen Abtei untergebracht. Im Schlafsaal der Mädchen standen etwa vierzig bis fünfzig Betten für Kinder im Alter von drei bis vierzehn Jahren. Die Kleinkinder wurden gesondert betreut. Jedes Mädchen von zehn Jahren aufwärts war für ein jüngeres Kind verantwortlich und hatte für seine Sauberkeit zu sorgen. Dies galt unterschiedslos für alle, also auch für mich, obwohl ich nur Gast war. Als Einzelkind aufgewachsen, lernte ich hier, Verantwortung für jemand anderen zu übernehmen und mich in eine größere Gemeinschaft einzufügen. Ein Vorteil für mich war, daß ich als Zweitälteste so etwas wie eine Respektperson darstellte. Den Respekt allerdings mußte ich mir erst einmal erwerben.

Nicht alle Kinder im Heim waren echte Waisen. Manche stammten aus zerrütteten Familien. Andere wieder waren einfach aus Bequemlichkeit vom geschiedenen Elternteil dem Waisenhaus anvertraut worden.

So manches Schicksal, das ich während der Zeit kennenlernte, überstieg damals erheblich mein kindliches Vorstellungsvermögen.

...

Ursprünglich sollte mein Aufenthalt vier Wochen dauern. Aufgrund der Kriegsereignisse wurden daraus schließlich acht.

Um den ständigen Fliegerangriffen auszuweichen und mich zu erholen, war ich hierher gekommen. Jedoch nach kaum zwei Tagen gab es auch hier Alarm. Man sagte zwar, daß dies sehr selten sei. Doch auch hier erreichten mich die Flieger. Der Warnfunk im Radio meldete große Verbände im Anflug. Wir lagen direkt auf ihrem Weg. Alle mußten in den Keller. Wir Größeren kleideten die Kleinen an, und dann saßen wir in den Gewölben der Abtei und warteten.

Wieder hörte ich die Schwärme der Bomber kommen. Es kribbelte in meinem Magen. Flak gab es hier keine. Unbehelligt zogen die Flugzeuge fast zwei Stunden lang unablässig über uns hinweg. Dann war endlich Ruhe, und wir durften wieder schlafen gehen.

Anderentags hörte ich: »Köln ist angegriffen worden!« Genaues wußte niemand. Die Telefonverbindung war unterbrochen. Meine Angst und Aufregung wuchs in dem Maße, wie die Zeit ohne ein Lebenszeichen von den Eltern verstrich. Niemand war in der Lage, mich zu beruhigen und zu trösten.

Endlich, nach einer Woche, kam eine engbeschriebene Karte aus Köln. Ich war vor Freude und Erleichterung kaum fähig, sie zu lesen. Papa schrieb, daß sie den Angriff, der wieder viel Schaden angerichtet hatte, gesund überstanden hätten. Auch das Haus war noch intakt, obwohl es zum zweiten Male erforderlich geworden war, einen Brandherd – diesmal im Treppenhaus – zu löschen. Ein guter Engel schien seine Hand über uns zu halten.

Papa versprach auf der Karte, so bald wie möglich nach Mariawald zu kommen.

Dann, am folgenden Sonntag, besuchten mich meine Eltern. Wie ich mich freute! Leider fühlten sich viele der anderen Kinder zurückgesetzt und neideten mir den Besuch. Deshalb baten die Schwestern meine Eltern, mich möglichst nur im Notfall ein weiteres Mal zu besuchen. Sie zeigten Verständnis für die Gründe, was auf mich keineswegs zutraf. Sie blieben nämlich für die restliche Zeit, die ich im Heim verbrachte, fern. Zum Glück funktionierte bald wieder die Telefonverbindung. So konnten wir wenigstens miteinander sprechen.

Der Angriff auf Köln hatte in der Nacht vom 28. zum 29. Juni 1943 stattgefunden. Er erhielt daher die Bezeichnung »Peter-und-Paul-Angriff«.

...

Ohne daß es mir bewußt war, lernte ich viel bei meinem Aufenthalt im Heim. Ich erhielt Einblicke in menschliche Verhaltensweisen, die mir bis dahin verschlossen geblieben waren.

Es gab unter den Kindern eine strenge Rangordnung. Auf die Dauer konnten sich nur die Starken durchsetzen. Kleine Diebstähle waren alltäglich. Ich lernte, mein Eigentum sorgfältig unter Verschluß zu halten. Trotzdem verschwand mancherlei auf nie geklärte Art und Weise.

Der Ehrenkodex erlaubte uns nicht, die Schwestern etwas merken zu lassen. Die Hausordnung regelte unser Leben mit strengen Vorschriften. Übertretungen wurden empfindlich bestraft mit Ausgangsverbot, Strafarbeit, Essensentzug und bei schweren Verfehlungen auch mit körperlicher Züchtigung. In dieser Reihenfolge fand je nach Größe der Straftat der Bestrafungskatalog seine Anwendung. Wer aber jemanden an die Schwestern verpetzte, setzte sich unausweichlich im Schlafsaal vor der Bettruhe der kollektiven Prügelstrafe durch die Älteren aus. Ohne sichtbar zum Außenseiter zu werden, versuchte ich mich soweit wie möglich davon fern zu halten. Mein Status als Gast kam mir da zugute.

Täglich wurden die anfallenden Arbeiten auf uns verteilt. Wir putzten Gemüse und Salat, schälten Berge von Kartoffeln, flickten Wäsche und Strümpfe und halfen bei der Gartenarbeit. Unter Aufsicht versorgten wir die Kleinen. Dazu gehörte Waschen, Anziehen, Kämmen und die Pflege der Wäsche.

Beliebte Tätigkeiten waren Gemüseputzen, da in der Küche schon mal etwas außer der Reihe für uns abfiel, und Gartenarbeit. Den Obst- und Gemüseanbau betreuten zwei der insgesamt vier verbliebenen Mönche, die uns Kindern sehr zugetan waren. Sie schauten beiseite, wenn wir nach den reifen Kirschen angelten oder in den Beerensträuchern räuberten. Sie achteten nur darauf, daß wir es nicht übertrieben. Zuweilen entführten sie uns auch in die gut gelüfteten Kellerräume, in denen auf großen Regalen Äpfel und Birnen des Vorjahres lagerten. Sie wirkten dank der sorgsamen Pflege wie eben frisch gepflückt.

Nie gingen wir ohne einen Apfel oder eine Birne fort, die wir dann mit viel Erfindungsgeist ins Haus schmuggelten, denn das Essen zwischen den Mahlzeiten war verboten. Den Ertappten wurden die Beweise abgenommen, und automatisch war die nächste Mahlzeit gestrichen.

Freude kam auf, wenn es hinaus in den Wald zum Beerensuchen ging. Hier oben wuchsen fast alle Sorten. Nacheinander reiften Walderdbeeren, Blaubeeren, Himbeeren und Brombeeren heran und landeten in unseren Sammelgefäßen. Natürlich kam auch unser Magen dabei nicht zu kurz.

Die eifrigsten und erfolgreichsten Sammler erhielten später ein Glas Himbeersaft zur Belohnung.

Manches noch gäbe es aus diesen Wochen zu berichten. Ich lernte vieles, das ich vielleicht nicht gleich verstand, aber nie wieder vergaß. Während dieser Zeit wurde Köln noch mehrmals angegriffen, doch für mein Zuhause ging es jedesmal glimpflich ab.

Schließlich, nach acht Wochen, mußte ich wieder heim. Obwohl ich auch im Heim den Schulunterricht besuchte, wurde es für mich höchste Zeit, wieder in meine Schule zurückzukehren. Die Versäumnisse wären sonst zu groß geworden.

...

War das schön, wieder daheim zu sein! Erst jetzt wurde mir bewußt, wie sehr ich Eltern, Freundinnen, Schule und nicht zuletzt mein Zuhause vermißt hatte.

Die vertrauten Straßen Kölns zeigten noch mehr Narben als vor den Ferien. Wenn ich mit Marlene zur Schule ging, kamen wir an Trümmern und Ruinen vorbei, die wir vorher noch nicht gesehen hatten. Manche Häuser waren nur teilweise zerstört. Reste der Wohnungen konnten wir noch erkennen. Hier stand eine Badewanne im dritten Stockwerk im Freien, dort klammerte sich ein Küchenherd an die Wand.

Der nächste Sturm, die nächste Erschütterung würde sie in die Tiefe stürzen lassen. Ausgebrannte Fassaden sahen uns aus leeren schwarzen Fensterhöhlen wie groteske Geister an. Und an den Mauerresten immer wieder Botschaften der Davongekommenen mit Angabe des Verbleibs oder der Suche nach vermißten Angehörigen.

Wir waren wieder in die alte Schule zurückgekehrt. Die

Beschädigungen hatte man notdürftig repariert und den Zugang zum zerstörten Gebäudeteil vermauert. Der Unterricht ging in den einigermaßen benutzbaren Klassenzimmern weiter.

Kinder sind flexibel und passen sich allen Situationen schnell an: All die furchtbare Zerstörung hielt uns nicht von unseren Spielen ab. Marlene und mir hatten sich zwei Klassenkameradinnen näher angeschlossen. Der Zufall wollte, daß beide auf den Namen Annemarie hörten. So bildeten wir also fortan ein Quartett, das ständig zusammensteckte und manchen Unsinn fabrizierte. Einen Großteil unserer Freizeit verbrachten wir gemeinsam.

Der Krieg ging in sein fünftes Jahr und breitete sich immer noch weiter aus. An den Fronten wurde nur noch selten gesiegt. Bei einem Luftangriff am 4. November wurde der Nordpfeiler des Doms getroffen. Er erhielt eine für den ganzen Turm fast tödliche Wunde. Er drohte einzustürzen. Ein Kölner Architekt mißachtete die ihm erteilten Befehle und begann mit der sofortigen Reparatur des Einschlagloches. Die damals erstellte Plombe aus gemauerten Ziegelsteinen ist noch heute als Mahnmal sichtbar. Es soll jedoch demnächst verkleidet und die Plombe damit unsichtbar werden.

Der Druck von seiten der Machthaber auf Juden und sonstige unerwünschte Personen verstärkte sich. Für Mama wurde es äußerst gefährlich, ein Kino oder Theater zu besuchen. Dies war für Juden bei Strafe streng verboten. Trotzdem wagte sie samstags den wöchentlichen Kinobesuch. Eine Kassiererin des Ufa-Theaters – eine ehemalige Schulkameradin von Mama – versorgte uns stets mit Plätzen am Gang. So gingen wir erst hinein, wenn die Reklame lief und das Licht schon abgedunkelt war, und verließen das Theater, sobald das Wort »Ende« erschien und ehe es wieder hell wurde. Für mich war das wie Versteckenspielen. Ich glaube, die Erwachsenen sahen das etwas anders.

Gefährlicher war der Besuch der Oper. Dort konnte man während der Pausen leicht erkannt werden. So verzichtete Mama schweren Herzens, und ich durfte mit Papa in die Oper gehen. Ganz erwachsen kam ich mir da vor. In einem Jahr sah und hörte ich fast alle Werke von Lortzing und noch manch andere Aufführung, wie *Fidelio* und *Troubadour*.

Die Welt der Bühne faszinierte mich. All die technischen Wunder, die Musik, und vor allem die Sänger! Auch Marlene durfte ihre Eltern oft in die Oper begleiten, und meist sahen wir die gleiche Aufführung.

Anderentags schwärmten wir dann von den Wundern der Bühne. Besonders ein Sänger war unser beider Favorit, ein Baßbariton mit schöner Stimme und ausdrucksvollem Spiel. Wie litten wir mit ihm, wenn er den Zar in *Zar und Zimmermann* oder den Kühleborn in *Undine* sang und spielte. Sein Name war Emil Treskow, und er wurde unser beider Jungmädchenschwarm.

Fast zwanzig Jahre später wollte es der Zufall, daß er mein Gesangslehrer wurde. Zwei Jahre lang unterrichtete er mich wöchentlich, bis er leider starb. Bei ihm habe ich viel gelernt.

Eine Opernaufführung ist mir besonders unvergeßlich. Zwischen Weihnachten und Neujahr – ich glaube, es war sogar Silvester 1943 – ging ich wieder einmal mit Papa in die Oper. Auf dem Spielplan des Abonnements stand Smetanas *Verkaufte Braut*. Die Aufführung gefiel mir sehr gut. Gerade hatte der dritte Akt begonnen, da gab es mitten im Tanz der Komödianten Fliegeralarm.

Die Musik verstummte, und das Treiben auf der Bühne stockte. Vor den sich schließenden Vorhang trat der Intendant und bat das Publikum, sofort, jedoch in Ruhe, den Keller aufzusuchen. Dann ging der eiserne Vorhang herunter.

So saßen wir also alle, Gäste und Künstler, im Keller und harrten der Dinge, die hoffentlich nicht geschehen würden. Wir sorgten uns um Mama, die allein zu Hause saß und sicher ebenfalls Angst um uns hatte. Wenn wir drei zusammen waren, dann empfanden wir alles Böse als nicht ganz so schlimm. Unsere Wohnung lag zwar nur fünf Minuten vom Theater entfernt, aber wir durften den Schutzraum nicht verlassen.

Rings um uns äußerten sich die Besucher verwundert darüber, daß die Engländer selbst an Silvester, ihrem hohen Feiertag, Angriffe flogen. Zum Glück verschonten sie diesmal Köln. Nach ungefähr einer halben oder dreiviertel Stunde kam Entwarnung. Erleichtert suchten wir wieder unsere Plätze auf.

Das Licht erlosch, der Vorhang öffnete sich, und genau an der Stelle, an der die Aufführung durch den Alarm unterbrochen worden war, setzte die Musik ein, und das Spiel auf der Bühne ging weiter, als habe es nie eine Unterbrechung gegeben.

Wie hatten sich Musiker, Tänzer und Sänger das nur so genau merken können? Diese Frage beschäftigte mich lange Zeit.

...

Obwohl ich das vierzehnte Lebensjahr noch nicht vollendet hatte, sollte an Palmsonntag meine Konfirmation stattfinden. Mama hatte Kleiderpunkte gespart und davon Stoff für die Festkleider gekauft. Zur Prüfung am Sonntag vorher sollte ich ein grünes Seidenkleid und zur Einsegnung schwarzen Samt tragen. Die Stoffe lagen bis zur Anfertigung wohlverwahrt im Koffer und wanderten bei jedem Alarm mit in den Keller.

Seit dem Herbst besuchte ich zusammen mit Marlene und auch ihrem Bruder den Konfirmandenunterricht. Die Antoniterkirche in der Schildergasse war unsere Pfarrkirche. Als auch sie durch Fliegerschaden unbenutzbar wurde, fand die Gemeinde Zuflucht in der altkatholischen Auferstehungskirche in der Moltkestraße, das heißt in den Resten, die noch benutzbar waren. Der Turm diente dem Gottesdienst und Unterricht, und Zusammenkünfte fanden im Gemeindehaus statt. Unser Pfarrer war ein gütiger, älterer Mann mit viel Verständnis für alle Nöte. Er besuchte uns oft zu Hause.

Es galt als ausgemacht, daß ich mit Marlene zusammen ein Paar bilden und wir gemeinsam am Konfirmationstag zum Altar gehen würden.

Da erhielten wir daheim im Januar wieder einmal Besuch von unserem Pfarrer. Er bat meine Eltern um ein Gespräch ohne meine Gegenwart, und ich verzog mich in mein Zimmer. Irgend etwas war nicht so, wie es sein sollte. Mir war sein Gesicht ungewohnt ernst und seine ganze Art bedrückt vorgekommen. Nach längerem Gespräch verließ er die Wohnung, und die Eltern riefen mich zu sich. Sie sahen mich traurig an, und Mama sagte: »Liebes, deine Konfirmation muß für mindestens ein Jahr verschoben werden. Es heißt auf einmal, du seist noch zu jung.« Sie hatte Tränen in den Augen. Ich merkte, daß da etwas nicht stimmte, denn Marlene war im gleichen Alter wie ich.

Also fragte ich: »Wird denn Marlene auch nicht konfirmiert? Wir sollten doch ein Paar bilden!«

Papa gab sich einen Ruck: »Nein, sie soll zusammen mit ihrem Bruder eingesegnet werden. Ich will dir die Wahrheit sagen. Es wurde dem Pfarrer verboten, dich zu konfirmieren. Falls er es doch täte, würde man ihn seines Amtes entheben und verhaften. Er ist der Meinung, daß er uns und allen in der Gemeinde in unserer Lage besser nützen könne, wenn er in diesem Fall gehorcht.«

So war das also! Wieder hatte man mich ausgeschlossen und isoliert. Die Erkenntnis tat weh, und ich war wütend. Erstaunlich, was für eine Phantasie die Machthaber entwickelten, wenn es darum ging, die ihnen Mißliebigen zu schikanieren. Ob das wirklich einmal enden würde? Ob wir dann dieses Ende auch noch unbeschadet erleben durften?

Ich versuchte, meine Enttäuschung vor den Eltern zu verbergen. Sie hatten so schon Sorgen genug.

Abends im Bett jedoch betete ich, wie so oft schon, um Hilfe und Schutz für unsere Familie. Ich versuchte, fest an die Erfüllung meiner Bitten zu glauben.

...

Anfang Februar traf uns der nächste Schlag. Zwei Männer in schwarzen Ledermänteln erschienen bei uns und verlangten Einblick in alle Zimmer der Wohnung. Auch ohne Ausweis hätten wir in ihnen Angehörige der Gestapo erkannt.

Nach der Besichtigung sagte einer kurz: »Die Wohnung wird von uns ab sofort zur jüdischen Gemeinschaftswohnung erklärt. Hier werden drei weitere Familien eingewiesen. Wir geben Ihnen zwei Tage Zeit, sich mit Ihren neuen Mitbewohnern zu arrangieren. Die Küche hat allen zur Benutzung freizustehen. Die ordnungsgemäße Ausführung wird von uns überwacht!«

Danach verschwanden sie. Zuerst einmal waren wir geschockt und benommen. Was tun? Schließlich siegte der praktische Sinn meiner Eltern.

Wir entschieden uns für das große Wohnzimmer als neue Unterkunft. Die Möbel würden wir umstellen und alle überflüssigen Teile der Einrichtung in Kisten verpacken. Ein Bett aus dem Schlafzimmer mußte für die Eltern reichen. Für mich sollte das Liegesofa aus dem Herrenzimmer als Bett dienen. Die anderen Zimmer mußten dann wohl oder übel geräumt werden.

Noch am gleichen Tag kamen nach und nach Angehörige der drei betroffenen Familien zu uns. In der Küche hielt man

Kriegsrat. Wie auch wir waren alle davon überzeugt, daß das für uns alle den Anfang vom Ende bedeuten konnte. Statt vier Wohnungen mußte die Gestapo nun nur noch eine Adresse überwachen. Sie hatte uns hier alle schön zusammen für ihre Vorhaben, wie immer die auch aussehen mochten.

Die Erwachsenen wurden schnell einig. Sicher, wir mußten mindestens zwei Zimmer räumen und die neuen Bewohner auf jeden Fall diverse persönliche Möbel und Gegenstände hineinstellen. Benutzen wollten sie die Zimmer jedoch nur selten oder überhaupt nicht, sondern baldmöglichst in sicheren Verstecken untertauchen. Bei den zu erwartenden Kontrollen würde uns schon etwas einfallen, um die Gestapoleute zu täuschen.

Gesagt, getan. Die Möbel aus meinem und Papas Zimmer lagerten wir zusammen mit Kisten voll von Büchern, den von Papa gemalten Ölgemälden, Kristall und Porzellan sowie der überflüssigen Wäsche im Keller der Werkstatt ein. Der war riesig groß, und all die Sachen verloren sich in dem weiten Raum. Mama bestand darauf, daß auch unser Eingemachtes dorthin geschafft wurde. Unsere Räumungsaktion blieb natürlich nicht unbemerkt im Hause. In der Folge kamen einige Nachbarn mit der Bitte zu uns, daß wir ihnen gestatteten, ebenfalls einige Wertsachen in dem Keller zu lagern.

Ich benutzte nun das zweite Bett der Eltern im Schlafzimmer. Dabei mußte ich sorgsam darauf achten, daß ich nichts von mir versehentlich herumliegen ließ, das als Hinweis auf die widerrechtliche Nutzung des Zimmers dienen könnte.

Der Mensch ist anpassungsfähig. Nach kurzer Zeit hatte sich unser Leben auf die neue Situation eingespielt. Mehrere Male kamen die schwarzen Ledermäntel und überprüften unsere Wohnung. Für die Abwesenheit der anderen Bewohner erfanden wir die abenteuerlichsten Ausreden. Die müssen wohl glaubhaft gewirkt haben, denn die Kontrollen wurden seltener.

Was mochte als nächstes auf uns zukommen? Noch waren wir beisammen, gesund und unversehrt. Würde es uns gelingen, alle Fährnisse unbeschadet zu überstehen?

...

Die Wochen verstrichen ohne besondere Ereignisse. An den häufigen Alarm hatten wir uns längst gewöhnt.

Palmsonntag wurde Marlene mit ihrem Bruder und all den anderen Kindern aus dem gemeinsamen Unterricht konfirmiert. Alle hatten die Prüfung am Sonntag vorher bestanden. Der Pfarrer stellte nur die Fragen, von denen er genau wußte, daß der Prüfling sie beantworten konnte. So wurden angesichts der versammelten Gemeinde die Bedingungen für die Konfirmation erfüllt.

Am Konfirmationstag saß ich inmitten der Gemeinde, der ich jedoch nicht angehören durfte, und verfolgte traurig die Zeremonie. So viele nun vergebliche Pläne hatten wir für das Fest geschmiedet!

Am Karsamstag besuchte Mama eine in der Etage über uns wohnende Nachbarin. Die beiden Frauen besuchten sich oft gegenseitig. Diesmal dauerte der Besuch ungewöhnlich lange. Neugierig, warum sie noch nicht zurückkam, folgte ich Mama in den dritten Stock. Ich sah, wie dort einträchtig Kuchenteig in einer großen Schüssel gerührt wurde. Ehe ich mehr erspähen konnte, schickte Mama mich wieder zurück. Sie verbat mir, Papa etwas von dem Gesehenen zu verraten. Offensichtlich wurde da eine Überraschung vorbereitet.

Die Zeit verging, und Mama war nun schon stundenlang oben. Plötzlich hörten wir auf der Treppe einen lauten Krach, gefolgt von Mamas Aufschrei. Besorgt liefen wir ins Treppenhaus. Da bat sich uns ein tragikomisches Bild: Auf dem

Treppenabsatz zur nächsten Etage saß Mama wie erstarrt auf dem Boden. In ihrem Schoß lag eine Kuchenplatte mit den immer noch ansehnlichen Überbleibseln einer großen und hohen Buttercremetorte, die sie krampfhaft festhielt. Ein Teil der Garnitur klebte an ihrem Busen.

Sie sah uns an und sagte dann zu Papa: »Da hast du dein Ostergeschenk! Nun komm endlich und hilf mir!«

Wir wußten nicht, ob wir lachen oder weinen sollten. Schließlich gewann das Lachen die Oberhand. Was war geschehen?

Mama war mit dem Schuh an der letzten Treppenstufe hängengeblieben. Da sie mit beiden Händen das Prunkstück von Torte balancierte, konnte sie sich nicht festhalten. Ihre ganze Sorge galt der süßen Last. So siegte die Anziehungskraft der Erde.

Zum Glück hatte sie sich bei dem Sturz nicht verletzt. Wir halfen ihr und dem Kuchen vom Boden auf. Die Pracht war noch in wesentlichen Teilen zu retten. Ausgenommen den Teil, den Mama bei ihrem Fall so innig an den Busen gedrückt hatte, war die kunstvolle Dekoration aus Buttercreme noch fast unversehrt und gut erkennbar. Mehr als zwei Drittel der Torte waren verwertbar und schmeckten uns zu Ostern einmalig gut.

Nur Mama konnte sich nicht beruhigen. Da hatte sie wochenlang die kostbaren Zutaten zusammengespart und sich in das Abenteuer ihrer ersten selbstgebackenen Buttercremetorte gestürzt, und nun dieses Pech! Für sie war aus der geplanten Osterüberraschung ein Schreck in der Abendstunde geworden. Zuletzt siegte doch ihr Sinn für Humor und wir lachten gemeinsam über ihr Abenteuer.

...

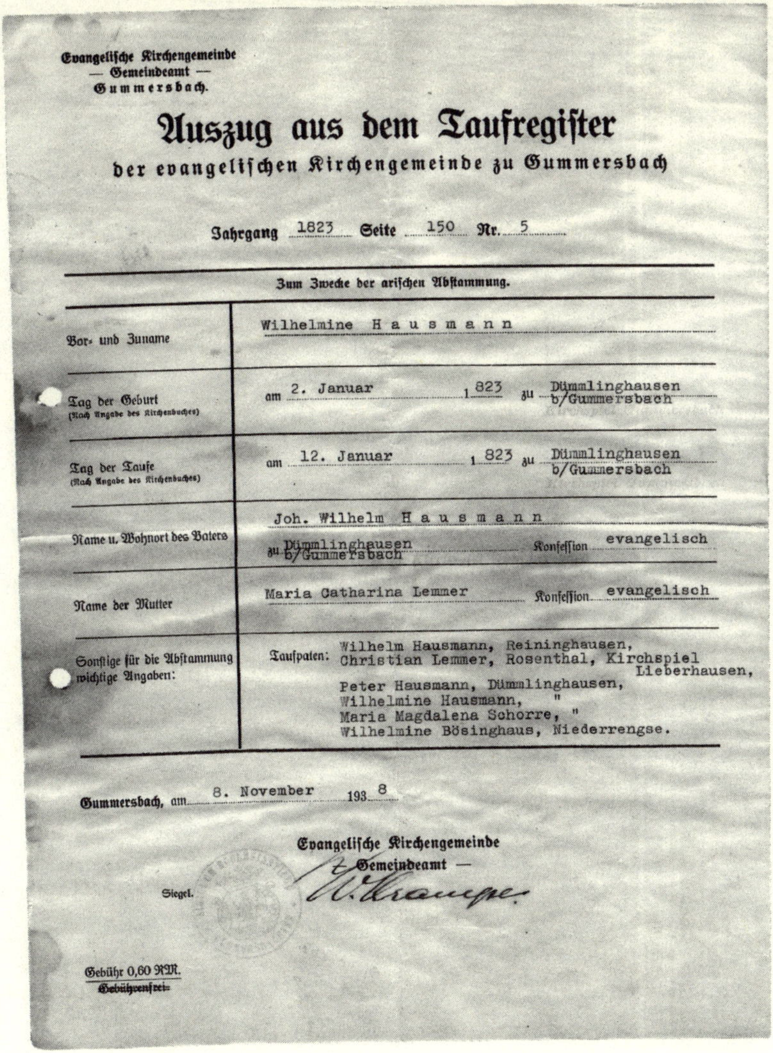

Evangelische Kirchengemeinde
— Gemeindeamt —
Gummersbach.

Auszug aus dem Taufregister

der evangelischen Kirchengemeinde zu Gummersbach

Jahrgang 1823 Seite 150 Nr. 5

Zum Zwecke der arischen Abstammung.

Vor- und Zuname	Wilhelmine H a u s m a n n
Tag der Geburt (Nach Angabe des Kirchenbuches)	am 2. Januar 1823 zu Dümmlinghausen b/Gummersbach
Tag der Taufe (Nach Angabe des Kirchenbuches)	am 12. Januar 1823 zu Dümmlinghausen b/Gummersbach
Name u. Wohnort des Vaters	Joh. Wilhelm H a u s m a n n zu Dümmlinghausen b/Gummersbach Konfession evangelisch
Name der Mutter	Maria Catharina Lemmer Konfession evangelisch
Sonstige für die Abstammung wichtige Angaben:	Taufpaten: Wilhelm Hausmann, Reininghausen, Christian Lemmer, Rosenthal, Kirchspiel Lieberhausen, Peter Hausmann, Dümmlinghausen, Wilhelmine Hausmann, " Maria Magdalena Schorre, " Wilhelmine Bösinghaus, Niederrengse.

Gummersbach, am 8. November 1938

Evangelische Kirchengemeinde
— Gemeindeamt —
Siegel. W. Kraempe.

Gebühr 0,60 RM.
~~Gebührenfrei.~~

Abstammungsnachweis der Urgroßmutter väterlicherseits

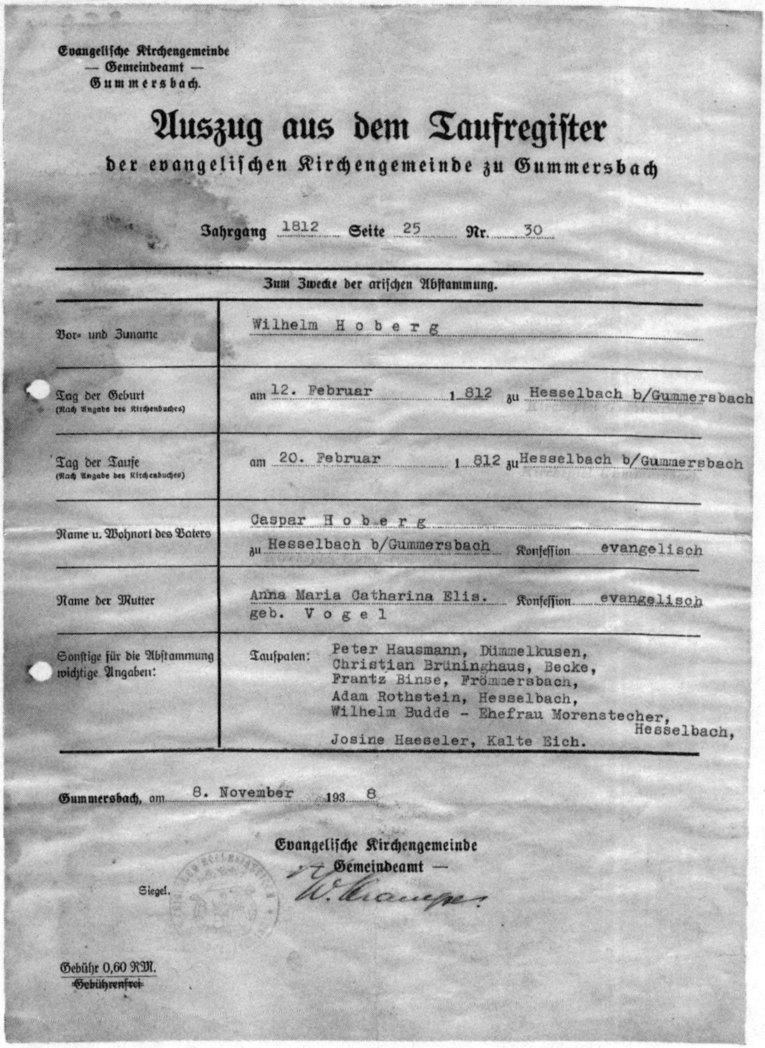

Evangelische Kirchengemeinde
— Gemeindeamt —
Gummersbach.

Auszug aus dem Taufregister

der evangelischen Kirchengemeinde zu Gummersbach

Jahrgang 1812 Seite 25 Nr. 30

Zum Zwecke der arischen Abstammung.

Vor- und Zuname	Wilhelm H o b e r g
Tag der Geburt (Nach Angabe des Kirchenbuches)	am 12. Februar 1812 zu Hesselbach b/Gummersbach
Tag der Taufe (Nach Angabe des Kirchenbuches)	am 20. Februar 1812 zu Hesselbach b/Gummersbach
Name u. Wohnort des Vaters	Caspar H o b e r g zu Hesselbach b/Gummersbach Konfession evangelisch
Name der Mutter	Anna Maria Catharina Elis. Konfession evangelisch geb. V o g e l
Sonstige für die Abstammung wichtige Angaben:	Taufpaten: Peter Hausmann, Dümmelkusen, Christian Brüninghaus, Becke, Frantz Binse, Frömmersbach, Adam Rothstein, Hesselbach, Wilhelm Budde - Ehefrau Morenstecher, Hesselbach, Josine Haeseler, Kalte Eich.

Gummersbach, am 8. November 1938

Evangelische Kirchengemeinde
— Gemeindeamt —

Siegel.

Gebühr 0,60 RM.
~~Gebührenfrei~~

Abstammungsnachweis des Urgroßvaters väterlicherseits

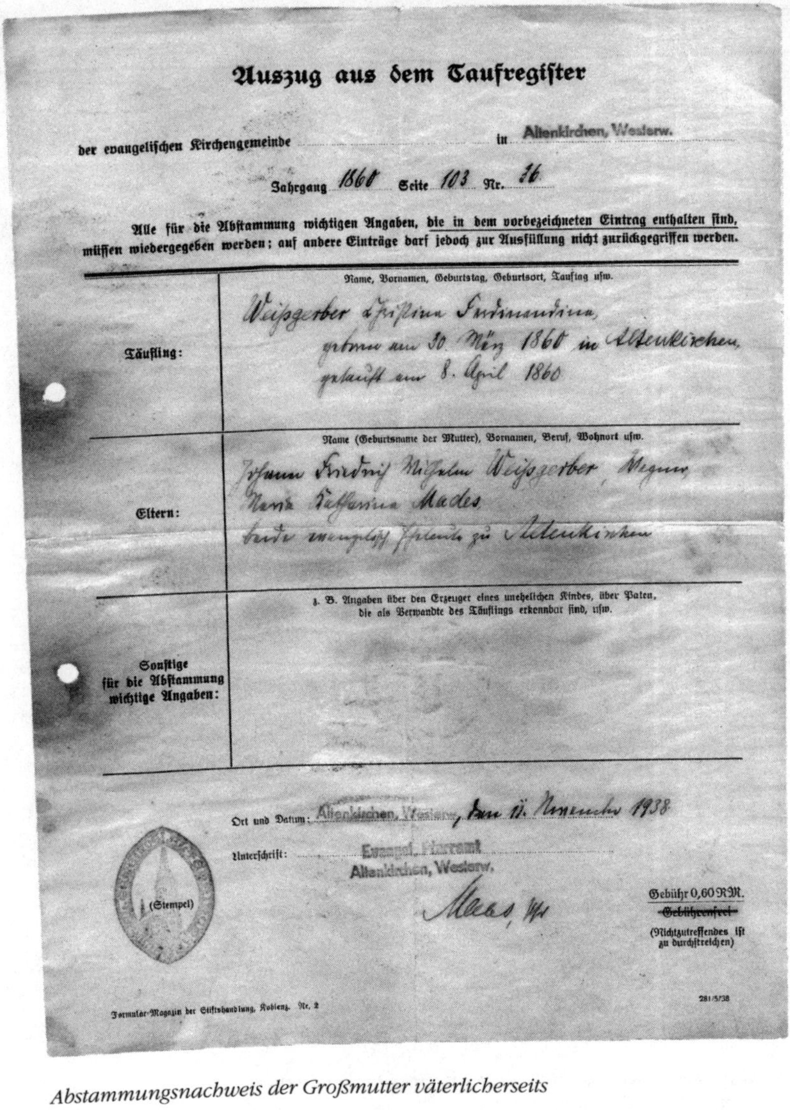

Auszug aus dem Taufregister

der evangelischen Kirchengemeinde .... in Altenkirchen, Westerw.

Jahrgang 1860 Seite 103 Nr. 56

Alle für die Abstammung wichtigen Angaben, die in dem vorbezeichneten Eintrag enthalten sind, müssen wiedergegeben werden; auf andere Einträge darf jedoch zur Ausfüllung nicht zurückgegriffen werden.

	Name, Vornamen, Geburtstag, Geburtsort, Taufting usw.
Täufling:	Weißgerber Christina Ferdinandina, geboren am 30. März 1860 in Altenkirchen, getauft am 8. April 1860
	Name (Geburtsname der Mutter), Vornamen, Beruf, Wohnort usw.
Eltern:	Johann Friedrich Wilhelm Weißgerber, Wagner, Maria Katharina Mades, beide evangelisch, Eheleute zu Altenkirchen
	z. B. Angaben über den Erzeuger eines unehelichen Kindes, über Paten, die als Verwandte des Täuflings erkennbar sind, usw.
Sonstige für die Abstammung wichtige Angaben:	

Ort und Datum: Altenkirchen, Westerw., den 11. November 1938

Unterschrift: Evangel. Pfarramt Altenkirchen, Westerw.

(Stempel)

Maas, Pfr

Gebühr 0,60 RM.

~~Gebührenfrei~~

(Nichtzutreffendes ist zu durchstreichen)

Formular-Magazin der Stiftshandlung, Koblenz. Nr. 2

281/5/38

Abstammungsnachweis der Großmutter väterlicherseits

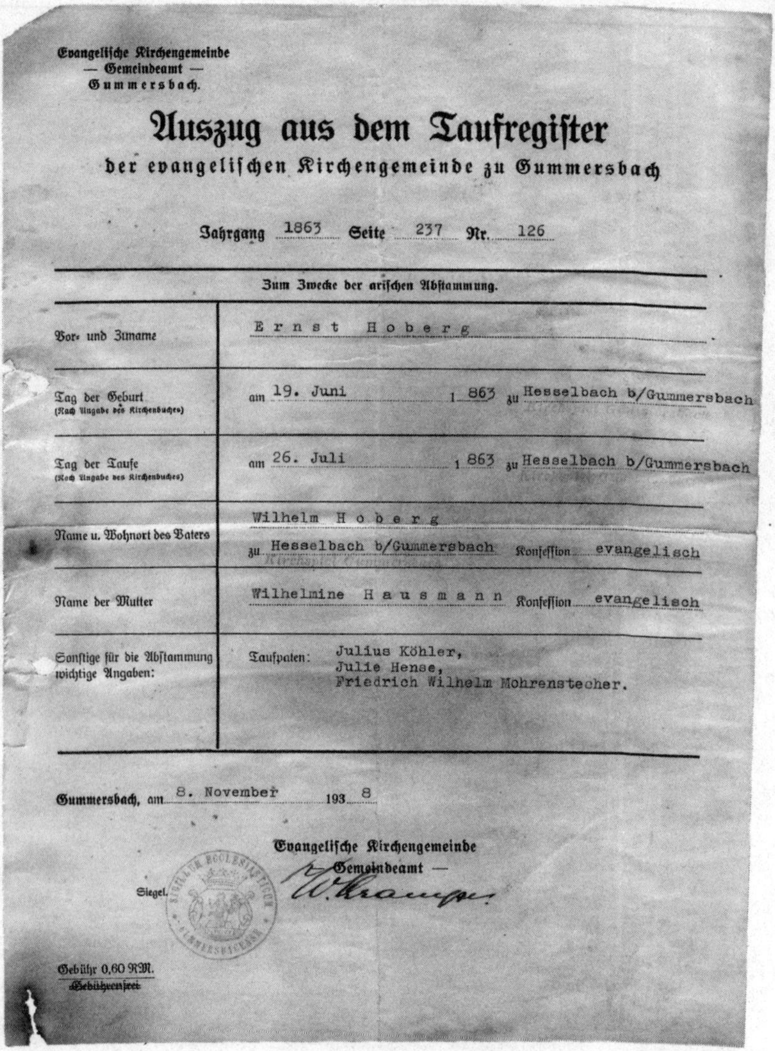

Evangelische Kirchengemeinde
— Gemeindeamt —
Gummersbach.

Auszug aus dem Taufregister

der evangelischen Kirchengemeinde zu Gummersbach

Jahrgang 1863 Seite 237 Nr. 126

Zum Zwecke der arischen Abstammung.

Vor- und Zuname	Ernst Hoberg
Tag der Geburt (Nach Angabe des Kirchenbuches)	am 19. Juni 1863 zu Hesselbach b/Gummersbach
Tag der Taufe (Nach Angabe des Kirchenbuches)	am 26. Juli 1863 zu Hesselbach b/Gummersbach
Name u. Wohnort des Vaters	Wilhelm Hoberg zu Hesselbach b/Gummersbach Konfession evangelisch
Name der Mutter	Wilhelmine Hausmann Konfession evangelisch
Sonstige für die Abstammung wichtige Angaben:	Taufpaten: Julius Köhler, Julie Hense, Friedrich Wilhelm Mohrenstecher.

Gummersbach, am 8. November 1938

Evangelische Kirchengemeinde
— Gemeindeamt —
W. Krampe

Siegel.

Gebühr 0,60 RM.
~~Gebührenfrei~~

Abstammungsnachweis des Großvaters väterlicherseits

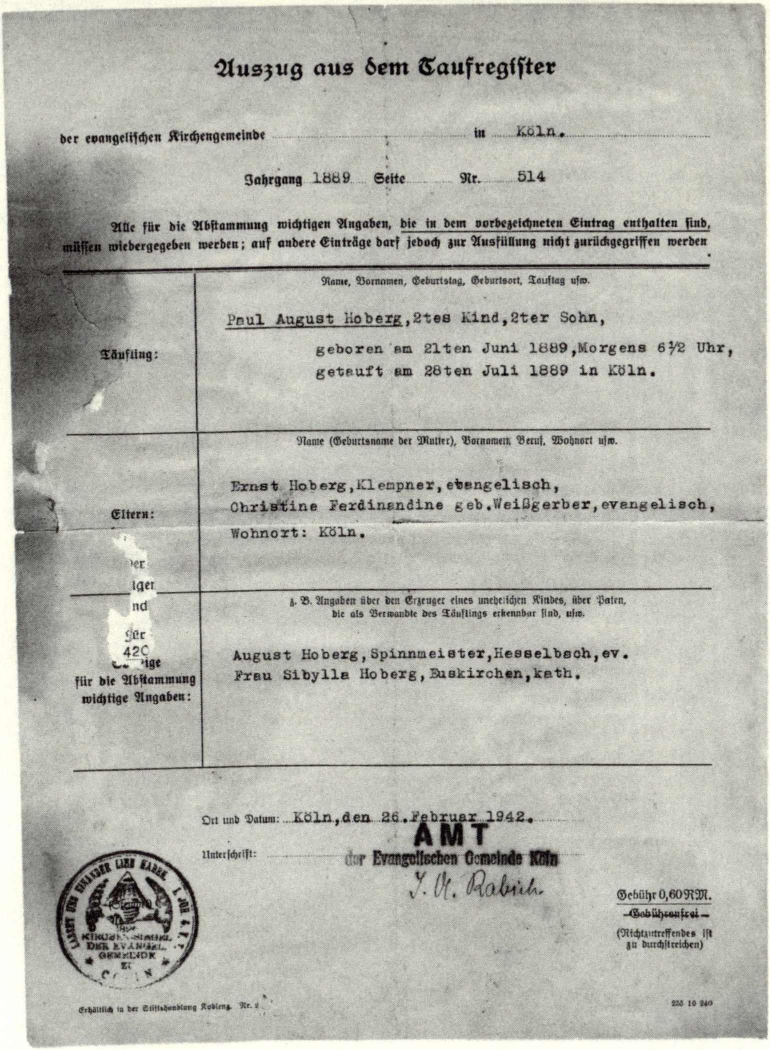

Auszug aus dem Taufregister

der evangelischen Kirchengemeinde .... in Köln.

Jahrgang 1889 Seite ...... Nr. 514

Alle für die Abstammung wichtigen Angaben, die in dem vorbezeichneten Eintrag enthalten sind, müssen wiedergegeben werden; auf andere Einträge darf jedoch zur Ausfüllung nicht zurückgegriffen werden.

Täufling:	Name, Vornamen, Geburtstag, Geburtsort, Tauftag usw. Paul August Hoberg, 2tes Kind, 2ter Sohn, geboren am 21ten Juni 1889, Morgens 6½ Uhr, getauft am 28ten Juli 1889 in Köln.
Eltern:	Name (Geburtsname der Mutter), Vornamen, Beruf, Wohnort usw. Ernst Hoberg, Klempner, evangelisch, Christine Ferdinandine geb. Weißgerber, evangelisch, Wohnort: Köln.
ber iger nd für 420 **Sonstige für die Abstammung wichtige Angaben:**	z. B. Angaben über den Erzeuger eines unehelichen Kindes, über Paten, die als Verwandte des Täuflings erkennbar sind, usw. August Hoberg, Spinnmeister, Hesselbach, ev. Frau Sibylla Hoberg, Euskirchen, kath.

Ort und Datum: Köln, den 26. Februar 1942.

Unterschrift: AMT der Evangelischen Gemeinde Köln
J. M. Rabich

Gebühr 0,60 RM.
~~Gebührenfrei~~
(Nichtzutreffendes ist zu durchstreichen)

LASSET UNS EINANDER LIEB HABEN. I. JOH. 4. 7. KIRCHENSIEGEL DER EVANGEL. GEMEINDE ZU CÖLN

Erhältlich in der Stiftshandlung Koblenz. Nr. 2

255 10 240

Abstammungsnachweis des Vaters

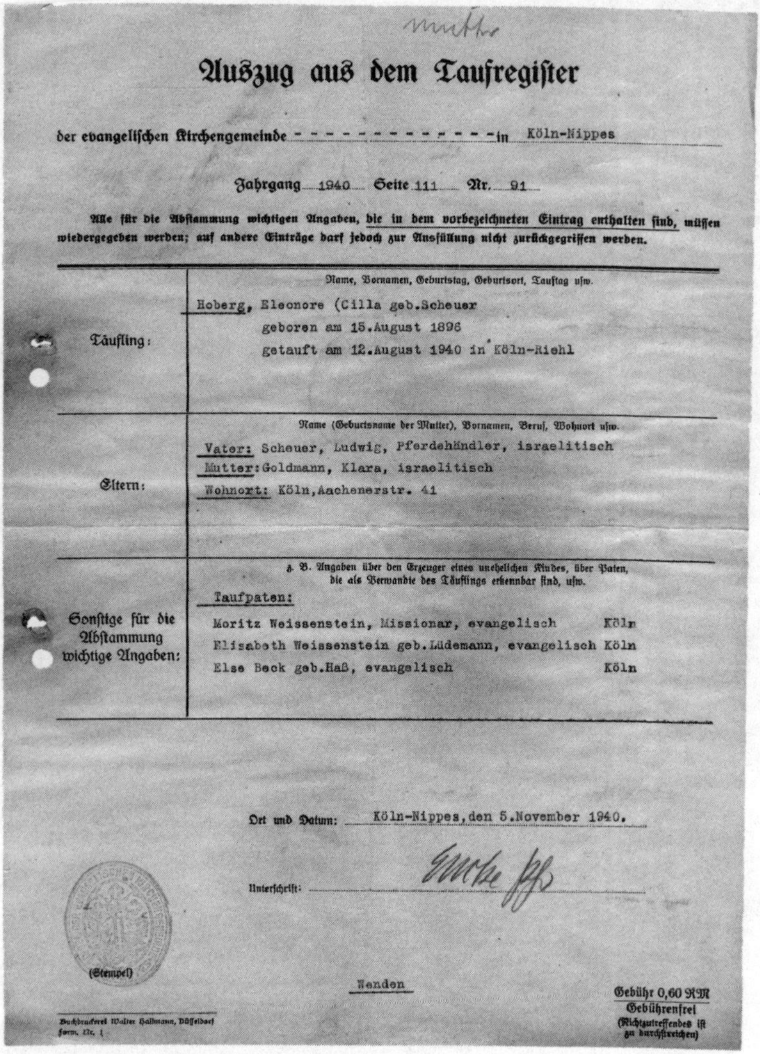

mutter

Auszug aus dem Taufregister

der evangelischen Kirchengemeinde -------------- in Köln-Nippes

Jahrgang 1940 Seite 111 Nr. 91

Alle für die Abstammung wichtigen Angaben, die in dem vorbezeichneten Eintrag enthalten sind, müssen wiedergegeben werden; auf andere Einträge darf jedoch zur Ausfüllung nicht zurückgegriffen werden.

Täufling:	Name, Vornamen, Geburtstag, Geburtsort, Tauftag usw. Hoberg, Eleonore (Cilla geb.Scheuer geboren am 15.August 1896 getauft am 12.August 1940 in Köln-Riehl
Eltern:	Name (Geburtsname der Mutter), Vornamen, Beruf, Wohnort usw. Vater: Scheuer, Ludwig, Pferdehändler, israelitisch Mutter: Goldmann, Klara, israelitisch Wohnort: Köln, Aachenerstr. 41
Sonstige für die Abstammung wichtige Angaben:	z. B. Angaben über den Erzeuger eines unehelichen Kindes, über Paten, die als Verwandte des Täuflings erkennbar sind, usw. Taufpaten: Moritz Weissenstein, Missionar, evangelisch Köln Elisabeth Weissenstein geb. Lüdemann, evangelisch Köln Else Beck geb.Haß, evangelisch Köln

Ort und Datum: Köln-Nippes, den 5.November 1940.

Unterschrift: Encke [signature]

(Stempel)

Wenden

Gebühr 0,60 RM
Gebührenfrei
(Nichtzutreffendes ist zu durchstreichen)

Buchdruckerei Walter Hallmann, Düsseldorf
Form. Nr. 1

Abstammungsnachweis der Mutter, Vorderseite

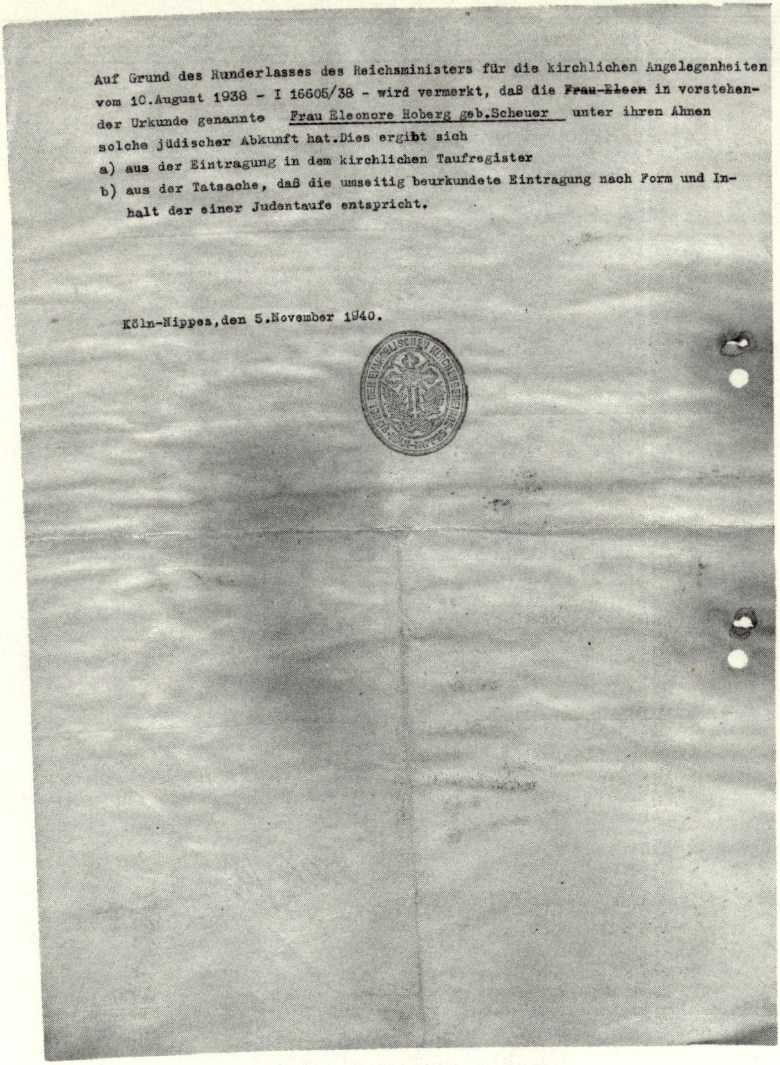

Auf Grund des Runderlasses des Reichsministers für die kirchlichen Angelegenheiten vom 10.August 1938 - I 16605/38 - wird vermerkt, daß die ~~Frau Eleon~~ in vorstehender Urkunde genannte Frau Eleonore Hoberg geb.Scheuer unter ihren Ahnen solche jüdischer Abkunft hat.Dies ergibt sich

a) aus der Eintragung in dem kirchlichen Taufregister

b) aus der Tatsache, daß die umseitig beurkundete Eintragung nach Form und Inhalt der einer Judentaufe entspricht.

Köln-Nippes,den 5.November 1940.

Abstammungsnachweis der Mutter, Rückseite

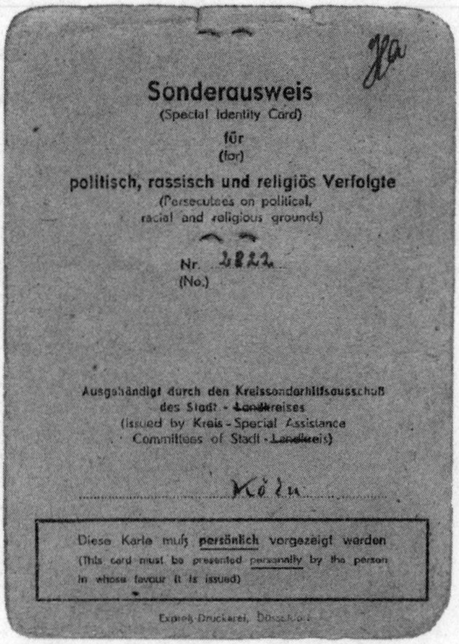

Ha

Sonderausweis
(Special Identity Card)
für
(for)
politisch, rassisch und religiös Verfolgte
(Persecutees on political, racial and religious grounds)

Nr. 2822
(No.)

Ausgehändigt durch den Kreissonderhilfsausschuß des Stadt - ~~Land~~kreises
(Issued by Kreis - Special Assistance Committees of Stadt - ~~Land~~kreis)

Köln

Diese Karte muß **persönlich** vorgezeigt werden
(This card must be presented personally by the person in whose favour it is issued)

Expreß-Druckerei, Düsseldorf

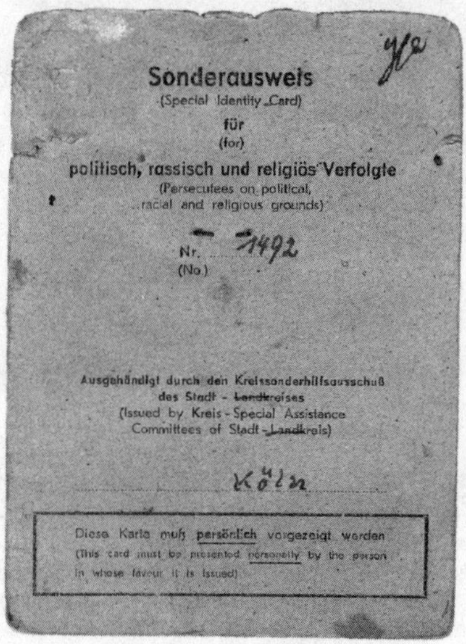

Ha

Sonderausweis
(Special Identity Card)
für
(for)
politisch, rassisch und religiös Verfolgte
(Persecutees on political, racial and religious grounds)

Nr. 1492
(No.)

Ausgehändigt durch den Kreissonderhilfsausschuß des Stadt - ~~Land~~kreises
(Issued by Kreis - Special Assistance Committees of Stadt - ~~Land~~kreis)

Köln

Diese Karte muß **persönlich** vorgezeigt werden
(This card must be presented personally by the person in whose favour it is issued)

Sonderausweise von Inge Hoberg und ihrer Mutter

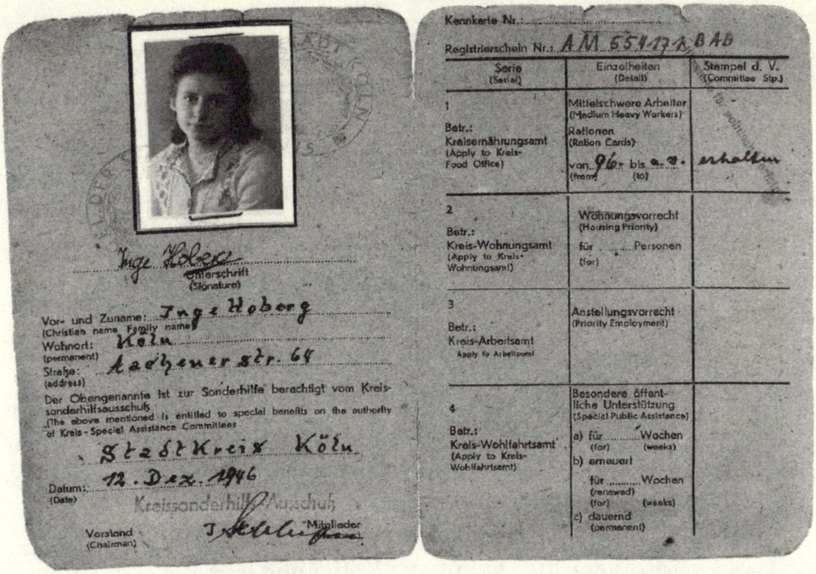

Inge Hoberg
Unterschrift
(Signature)

Vor- und Zuname: Inge Hoberg
(Christian name, Family name)
Wohnort: Köln
(permanent)
Straße: Aachener Str. 64
(address)
Der Obengenannte ist zur Sonderhilfe berechtigt vom Kreis-sonderhilfsausschuß
(The above mentioned is entitled to special benefits on the authority of Kreis-Special Assistance Committees
Stadtkreis Köln
Datum: 12. Dez. 1946
(Date)
Kreissonderhilfs-Ausschuß
Vorstand (Chairman) Mitglieder (Members)

Kennkarte Nr.: ....
Registrierschein Nr.: AM 551171 BAD

Serie (Serial)	Einzelheiten (Detail)	Stempel d. V. (Committee Stp.)
1 Betr.: Kreisernährungsamt (Apply to Kreis-Food Office)	Mittelschwere Arbeiter (Medium Heavy Workers) Rationen (Ration Cards) von 96. bis a. W. (from) (to)	erhalten
2 Betr.: Kreis-Wohnungsamt (Apply to Kreis-Wohnungsamt)	Wohnungsvorrecht (Housing Priority) für .... Personen (for)	
3 Betr.: Kreis-Arbeitsamt Apply to Arbeitsamt	Anstellungsvorrecht (Priority Employment)	
4 Betr.: Kreis-Wohlfahrtsamt (Apply to Kreis-Wohlfahrtsamt)	Besondere öffentliche Unterstützung (Special Public Assistance) a) für .... Wochen (for) (weeks) b) erneuert für .... Wochen (renewed) (for) (weeks) c) dauernd (permanent)	

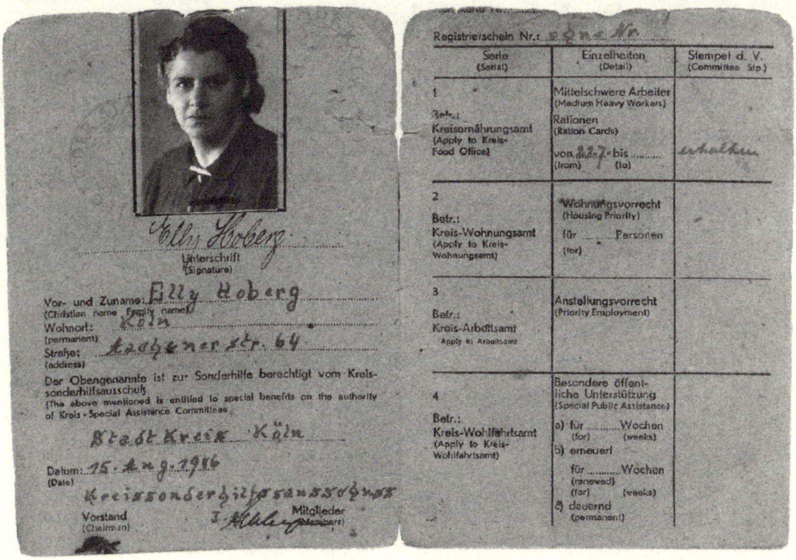

Elly Hoberg
Unterschrift
(Signature)

Vor- und Zuname: Elly Hoberg
(Christian name, Family name)
Wohnort: Köln
(permanent)
Straße: Aachener Str. 64
(address)
Der Obengenannte ist zur Sonderhilfe berechtigt vom Kreis-sonderhilfsausschuß
(The above mentioned is entitled to special benefits on the authority of Kreis-Special Assistance Committees
Stadtkreis Köln
Datum: 15. Aug. 1946
(Date)
Kreissonderhilfsausschuss
Vorstand (Chairman) Mitglieder (Members)

Registrierschein Nr.: ohne Nr.

Serie (Serial)	Einzelheiten (Detail)	Stempel d. V. (Committee Stp.)
1 Betr.: Kreisernährungsamt (Apply to Kreis-Food Office)	Mittelschwere Arbeiter (Medium Heavy Workers) Rationen (Ration Cards) von 87. bis .... (from) (to)	erhalten
2 Betr.: Kreis-Wohnungsamt (Apply to Kreis-Wohnungsamt)	Wohnungsvorrecht (Housing Priority) für .... Personen (for)	
3 Betr.: Kreis-Arbeitsamt Apply to Arbeitsamt	Anstellungsvorrecht (Priority Employment)	
4 Betr.: Kreis-Wohlfahrtsamt (Apply to Kreis-Wohlfahrtsamt)	Besondere öffentliche Unterstützung (Special Public Assistance) a) für .... Wochen (for) (weeks) b) erneuert für .... Wochen (renewed) (for) (weeks) c) dauernd (permanent)	

Nach Ostern nahte ein nationaler Feiertag. Am 20. April feierte man Hitlers Geburtstag. Auch in Köln veranstaltete man zu seinen Ehren Kundgebungen und Fackelzüge.

Mich interessierte das nur am Rande. Mein Sinn war auf etwas ganz anderes gerichtet. Am nächsten Tag sollte ich wieder einmal mit Papa in die Oper gehen. *Fra Diavolo* stand auf dem Spielplan, und ich freute mich sehr darauf.

Spät abends gab es Voralarm, und nach kurzer Zeit wieder Entwarnung. Beruhigt gingen wir schlafen. Gegen zwei Uhr nachts scheuchte uns erneuter Voralarm hoch. Angekleidet saßen wir in der Küche und verfolgten die Durchsagen des Drahtfunks im Radio. Längst liefen wir schon nicht mehr gleich in den Keller. Anhand einer Karte mit Planquadraten konnten wir mittels der Durchsagen den Weg anfliegender Maschinen verfolgen.

Diesmal schwenkten sie plötzlich in Richtung Köln ein. Sofort ergriffen wir unsere Koffer und hasteten in den Keller, während draußen die Sirenen zum Großalarm aufheulten.

Der Luftschutzkeller füllte sich schnell. Jeder suchte seinen gewohnten Platz auf. Ich saß wie stets zwischen den Eltern. Draußen rasselten die ersten Bomben. Die Einschläge erschienen uns sehr nahe. Mitten in der Durchsage, die als Angriffsziel Köln nannte, verstummte das Radio im Keller, und das Licht erlosch. Jemand zündete Kerzen an. Der Luftdruck der um uns herum einschlagenden Bomben blies sie wieder aus. Es wurde Nacht um uns.

Dicht aneinandergedrückt erwarteten wir jeden Augenblick unser Ende. Irgendwo betete eine Frau mit monotoner Stimme immer wieder die gleichen Worte. Der Bombenhagel nahm kein Ende. Es war ein Inferno von furchterregenden Geräuschen. Bei jedem Einschlag stöhnte jemand laut auf. Von der Flak war nichts mehr zu hören. Die Minuten wurden zu Stunden. Endlich, endlich kehrte Ruhe ein. Jemand sagte: »Das war der Fackelzug der Engländer zu Hitlers Geburtstag!«

Entwarnung kam, und die Männer liefen nach oben, um das Haus zu überprüfen. Und wieder einmal der Schrei »Es brennt!« Unter Aufbietung aller Kräfte versuchten sie, das Feuer zu löschen. Bereits zweimal vorher war es gelungen. Doch diesmal war alle Mühe vergeblich. Die Angreifer hatten diesmal Phosphorbomben abgeworfen, und die Flammen verbreiteten sich mit rasender Geschwindigkeit. Jetzt galt es nur noch, soviel wie möglich aus den Wohnungen zu retten. Wir eilten hinauf und rafften zusammen, was uns in Form von Bettzeug, Matratzen, Wäsche und Kleidung in die Hände fiel. Zum Nachdenken blieb keine Zeit. Wir handelten wie in Trance. Sicher, wir hatten davon gesprochen, was im Ernstfall zuerst zu retten war. Als erstes wurden die Vogelkäfige mit ihren Insassen ergriffen und dazu alles, was uns dabei sonst noch in die Hände kam. Manch unwichtiges Stück war dabei, während anderes liegenblieb, trotzdem es vor unseren Augen lag. Wir schafften alles hinunter in den Hausflur. Dann rasten wir wieder nach oben. Es war ein Wettlauf mit der Zeit.

Ich stand im Schlafzimmer und füllte einen Kopfkissenbezug, so wie ich es mir immer ausgedacht hatte. Nützliches und Unwichtiges packte ich hinein. Noch realisierte ich nicht, daß alles hier in kurzer Zeit vernichtet sein würde. Am Fenster stoben Feuerfunken vorbei, und Teile des Daches stürzten in den Hof. Ich mußte weg! Alles, was wir in jener Nacht taten, geschah mechanisch.

Nur wenige Male schafften wir den Weg hinauf und hinunter. Dann begann die hölzerne Treppe zu brennen, und der Weg nach oben war uns für immer versperrt. Das Treppenhaus brannte in kürzester Zeit aus.

Während unserer Rettungsaktionen hatten Unbekannte Teile des geretteten Bettzeugs aus dem Flur gestohlen. Fassungslos standen wir vor den Resten. Wir packten, was noch übrig war, und verließen für immer das Haus.

Im Haus auf der anderen Straßenseite, das so gut wie unversehrt geblieben war, fanden wir Schutz. Eine alleinstehende Frau erbot sich, unsere Vögel in Pflege zu nehmen. Nun standen wir dort im Hauseingang und sahen macht- und tatenlos zu, wie nach und nach die Flammen unsere Habe in Asche verwandelten.

Mehr als zwei Stunden vergingen, bis das Feuer auch unsere Wohnung erreichte. Die Scheiben platzten von der Hitze. Man konnte erkennen, wie der brennende Phosphor die Rahmen herablief. Dann erkannte ich auf einmal genauer, was da brannte.

»Papi, Mami, seht! Mein Klavier brennt!« Ich schluchzte fassungslos und war nicht zu trösten. Jetzt erst wurde mir das Ausmaß der Katastrophe bewußt.

Irgendwie verging die rotglühende Nacht, und der Morgen zeigte uns das ganze Werk der Vernichtung. Nur ganz wenige Häuser in unserer Straße waren unversehrt geblieben. Die Brandherde schwelten noch immer. Erstmals wurde uns voll bewußt, daß wir keine Bleibe mehr hatten. Was tun? Wohin gehen?

Nachbarn, die mehr Glück als wir gehabt hatten, boten uns vorübergehend Unterkunft. Es war eng, aber immer noch besser, als obdachlos durch die Stadt zu irren.

Und dann hatten wir doch Glück im Unglück. Unsere Werkstatt hatten die Bomben verschont. Papas Existenz war damit gesichert, und nach Überwindung des ersten Schocks fanden wir unseren Lebensmut und unsere Tatkraft wieder.

Viele der in jener Nacht vernichteten Häuser hätten gerettet werden können. Während des Feuersturms standen in unserer Straße mindestens fünfzehn Feuerwehren in Bereitschaft. Doch keine Hand rührte sich zur Rettung. Wir sind zu den Feuerwehrleuten gegangen und baten um Hilfe. Gerät und Wasser waren ausreichend vorhanden.

Wir erhielten lakonisch zur Antwort: »Wir haben keinen Befehl, hier zu löschen. Unser Einsatzziel ist Lindenthal, wenn wir da gebraucht werden.«

Wir hatten gut verstanden. Dort befanden sich die Villen der Parteigrößen. Die hatten natürlich Vorrang. Da konnte hier ruhig alles verbrennen. Hauptsache, deren Besitz wurde geschützt. Wut und Zorn darüber beherrschte uns.

...

Oft birgt Unglück in sich den Schlüssel zu späterem Glück. Davon mußte ich mich viele Male in meinem Leben überzeugen lassen. Die teilweise Enteignung unserer Wohnung durch die Gestapo hatte uns gezwungen, wie bereits früher berichtet, erhebliche Teile unserer Habe im Keller der Werkstatt auszulagern. So war uns also nun doch nicht aller Besitz verbrannt. Viele liebgewordene und unersetzliche Dinge schlummerten wohlbehalten in den Kisten. Fast alle Möbel waren hier, die aus Papas und meinem Zimmer stammten.

Wir standen nun vor der Frage, wo wir künftig wohnen sollten. Den hilfreichen Nachbarn wollten und konnten wir nicht länger als unbedingt erforderlich zur Last fallen. Papa hatte, wie schon so oft, die rettende Idee.

Ein kleiner Bereich der Werkstatt war mit leichten Wänden aus Holz in der Größe von zirka drei mal vier Metern abgeteilt. Er besaß ein Fenster und diente als Büro. Hier sollte unser neues Heim entstehen.

Mit vereinten Kräften wurde ein bewohnbarer Raum geschaffen. Farbe und Tapeten aus dem Restefundus unseres Betriebes verwandelten das nüchterne Büro in ein wohnliches Zimmer. Einige Möbel aus dem Keller kamen wieder ans Tageslicht und erfüllten neue Funktionen. Der Bücherschrank aus dem früheren Herrenzimmer diente uns nun als Küchen- und Wäscheschrank. Sogar ein Teppich war vorhanden. Bett, Tisch und Stühle ergänzten das Mobiliar.

Ein weiteres Bett für mich überließen uns hilfreiche Nachbarn.

Von einem Freund meines Vaters, Klempnermeister wie er selbst, erhielten wir aus der Laube seines Schrebergartens einen kleinen Wochenendherd und eine Kühlkiste. Er beabsichtigte, Köln zu verlassen und im Heimatdorf seiner Frau, das am Fuße des Siebengebirges lag, seinen Betrieb neu einzurichten und fortzuführen. Er gab uns seine neue Adresse für etwaige Notfälle und bot uns seine Hilfe an, falls wir Köln verlassen müßten. Das sollte später noch von entscheidender Bedeutung für uns werden.

Der Angriff hatte auch die Dienststelle der für uns zuständigen Ortsgruppe stark beschädigt. Viele Akten waren verbrannt. Zusammen mit Ortsgruppen anderer Stadtteile verlegte man die Dienststelle in die Schule Lochnerstraße. Naturgemäß herrschte dort lange Zeit großes Durcheinander. Mancher der bisher für uns zuständigen Sachbearbeiter war in einen anderen Bezirk versetzt worden.

Das nutzten wir und meldeten uns ungeachtet des trotz allem bestehenden Risikos, von der Gestapo entdeckt zu werden, als fliegergeschädigt an. Das Glück blieb uns treu. Niemand schien uns zu erkennen.

So erhielten wir Berechtigungsscheine für das Nötigste an Geschirr, Wäsche und Mobiliar. Das bedeutete allerdings noch lange nicht, daß es diese Dinge auch zu kaufen gab. Auch die Geschäfte waren ja weitgehend zerstört. Doch nach und nach gelang es uns, Teller, Tassen, Besteck und ein paar Kleinmöbel zu erwerben. Auch einiges an Kleidung fand den Weg zu uns. Im Keller befand sich noch ein Radio, da wir immer mehrere von Papa gebastelte Geräte hatten. So konnten wir nach ungefähr drei Wochen unser neues Heim beziehen. Wir waren glücklich, keinem mehr zur Last zu fallen. Die Werkstatt war nur über Berge von Schutt mittels eines Trampelpfades erreichbar. Damit verlor die Gestapo für Monate unsere Spur. Das war das zweite aus dem Unglück entstandene Glück.

Es ist an der Zeit, die Räumlichkeiten des Fabrikgebäudes, in dem die Werkstatt lag, genauer zu beschreiben. Im vorigen Jahrhundert als Tabakfabrik dienend, bestand das Haus aus Keller, Erdgeschoß und zwei weiteren Stockwerken.

Die Zwischendecken hatte man aus einem betonähnlichen Steinboden mit durchgezogenen schweren Stahlträgern hergestellt. Dagegen bestand das Treppenhaus aus rohem Holz, das vom Alter spröde und rissig war. Es lag am Ende des Eingangsflurs zu den beiden Etagen, die nur hierüber erreichbar waren. Außen am Gebäude existierte lediglich noch eine primitive Feuerleiter, in der Form, wie man sie an hohen Schornsteinen sehen konnte.

Die Decke des Kellers ragte ungefähr einen Meter über das Niveau des Hofes hinaus. Das Kellerfenster im Mittelteil verdeckte eine Holzrampe, die zum Eingang des Erdgeschosses führte.

Hier hatten wir Kinder im Winter, sobald genügend Schnee lag, unsere Rodel- und Schlitterkünste ausprobiert. Dies geschah sehr zum Ärger der Mieter des Raumes, denn die Rampe wurde dann oft spiegelglatt. Da half dann nur gestreute Asche, um Unfälle zu vermeiden. Das wiederum mochten wir überhaupt nicht, denn dann war es mit unseren Übungen vorbei.

Zum Keller kam man von hinten über die Treppe. Unter dem Flur lag ein abgetrennter Raum, der als Kohlenkeller diente. Hier lagerte Koks und Eierkohle zum Heizen des großen Werkstattofens. Das Heizungsmaterial schüttete der Lieferant durch ein metergroßes Loch mit Falltür gleich hinter der Eingangstür.

Alle Räumlichkeiten vom Keller bis zur zweiten Etage zogen sich um das Treppenhaus herum und bildeten so jeweils einen abgewinkelten Raum. Die Treppe erhielt Tageslicht von einem sich darüber befindenden Glasdach.

Im hintersten Teil des Kellers befanden sich noch die alten Trockenöfen für die Tabakfabrikation. Sie dienten jetzt als willkommene Aufbewahrungsmöglichkeit für allerlei Kram.

Wie bereits berichtet, wechselten die Mieter des Erdgeschosses mehrfach. Nach der Zerstörung des Haupthauses lagerte nun ein Antiquitätenhändler beschädigtes Mobiliar darin.

Der eigentliche Handwerksbetrieb lag in der ersten Etage. Hier standen all die Maschinen, die zur Blechbearbeitung benötigt wurden. Unser Betrieb war vor dem Krieg für seine Spezialanfertigungen für Bühnenbeleuchtung und Lichtreklame bekannt gewesen.

Vorne, genau gegenüber dem Eingang, lag das Büro, aus dem nun unser neues Heim geworden war.

In der zweiten Etage befand sich die Farbspritzanlage, die über große Transmissionsriemen angetrieben wurde. Das gab immer einen Höllenlärm, wenn die Anlage lief. Am meisten zog mich dort der Spritztisch an. Im Laufe der Jahre hatte sich dort Farbschicht auf Farbschicht abgelagert und ein buntes Kaleidoskop von Farben entstehen lassen.

In den Regalen lagerten Farbvorräte aller Art. Wegen der Feuergefahr war hier oben das Rauchen verboten. Ein Funke, und alles würde in kürzester Zeit in Flammen aufgehen.

•••

Der Angriff vom 20./21. April konzentrierte sich voll auf den gesamten mittleren Bereich der Stadtviertel zwischen Ring und Grüngürtel und die daran anschließenden Vororte. Brandbomben hatten auch das Opernhaus am Rudolfplatz schwer beschädigt. Dort würde wohl so bald nicht mehr gespielt werden. Ungeachtet dessen gab es zum Schutz des Bühnenhauses, das noch weitgehend unversehrt war, eine ständige Brandwache, die von Mitgliedern des Bühnenpersonals und der Sänger versehen wurde.

Gleich am Morgen nach dem Angriff war ich so bald wie möglich zu Marlenes Wohnung gelaufen. Ich wollte nachsehen, ob sie das Inferno heil überstanden hatte. Schon vor der Haustür sah ich Wehrmänner mit Wasserschläuchen, die sich im Haus die Treppe hinaufschlängelten. Oben traf ich auf Marlene und ihre Familie. Türen gab es keine mehr. Alle waren beschäftigt, aus dem Schutt in der Wohnung die brauchbaren Sachen zu bergen. Es eilte, denn es bestand Einsturzgefahr.

Vor allem freuten wir uns, daß wir und unsere Angehörigen alles heil und gesund überstanden hatten. Doch meine Freude währte nur kurz, denn Marlene sagte: »Wir verlassen noch heute Köln und kehren in die Heimat meiner Eltern zurück. Dort können wir bei den Großeltern wohnen, und ich kann in Esens zur Schule gehen. Hier wollen wir nicht mehr bleiben.«

Esens lag in Ostfriesland und war für mich unerreichbar weit von Köln entfernt. Es wurde ein tränenreicher Abschied. Es war, als ob wir ahnten, daß wir uns nicht mehr wiedersehen sollten. Wir versprachen einander, uns nie zu vergessen.

In unserer Klasse fehlten viele. Unsere Zahl war mittlerweile auf knapp dreißig Schülerinnen zusammengeschrumpft. In den anderen Klassen sah es ähnlich aus. Wie Marlene hatten viele Köln verlassen, und es war ungewiß, wen wir von ihnen wiedersehen würden. Voraussetzung dafür war natürlich, daß wir den Krieg überlebten. Der Unterricht ging trotzdem weiter, obwohl es jetzt auch tagsüber häufiger Alarm gab. Ein konzentriertes Arbeiten war da kaum noch möglich.

Es war für uns immer furchtbar, wenn wir fern von unseren Familien im Keller der Schule festsaßen. Nach Möglichkeit versuchten wir, irgendwie nach Hause zu kommen.

Mehr als einmal entwischten wir durch den Notausgang. Zu unserem Glück drückten die Lehrerinnen beide Augen zu. Sie verstanden unsere Nöte.

Ende Mai weckten uns wieder einmal nachts die Sirenen. Es war schon erstaunlich, daß immer noch einige funktionierten. Kaum hatten wir das Bett verlassen, da hörten wir ein Geräusch, so nervenaufreibend und furchtbar, wie wir es noch nie vorher erlebt hatten. Es war so, als führe ein großer Möbelwagen mit klapperndem Geschirr durch die Luft. Das pfiff und kreischte und rasselte ohrenbetäubend. Es endete schließlich in einem ungeheuren Einschlag. Luftdruck und Erschütterung warfen uns fast um. Eigenartigerweise hörten wir keinerlei Geräusche von Flugzeugen.

Vor lauter Verwirrung und Schreck versuchte ich eine lange Zeit, meine Trainingsbluse als Hose anzuziehen. Es dauerte ziemlich, bis ich meinen Irrtum bemerkte und in der Lage war, mich richtig anzukleiden.

Nun gab man auch Hauptalarm, doch draußen blieb alles still. Nach kurzer Zeit erfolgte Entwarnung, und die restliche Nacht verlief ungestört. Was war da geschehen?

Am Morgen erfuhren wir, daß eine ungewöhnlich große und schwere Bombe vor dem Bühnenhaus der Oper eingeschlagen war. Die Mitglieder der Feuerwache vom Dienst – vier Sänger der Oper – wurden von der Gewalt der Detonation auf der Stelle getötet. Die Sprengkraft war so ungeheuerlich, daß viele Menschen in der Straße auf dem Weg zum Schutzbunker teils getötet und teils verletzt wurden.

Der Vorfall blieb uns lange ein Rätsel. Gemäß Durchsage des Radios waren keine feindlichen Maschinen in unseren Luftraum eingeflogen. Es kursierte ein Gerücht, das der Wahrheit wohl ziemlich nahe kam. Danach sollte eine für England bestimmte V1-Rakete vom Kurs abgekommen und bei uns eingeschlagen sein.

Insgeheim erzählte man, daß sich die Abschußrampen dieser Raketen im Westerwald befanden. Die als neue Wunderwaffe propagierten Projektile waren wohl noch nicht so zuverlässig, wie man ständig beteuerte.

Wir waren fest davon überzeugt, daß all der Schaden und die Verluste an Menschen von den eigenen Waffen angerichtet worden waren. Dies machte das Geschehen noch schlimmer, als wenn es infolge »normaler« Kriegshandlungen erfolgt wäre.

...

Die Wochen zogen ins Land. Der Krieg zog sich hin, war aber schon lange kein siegreicher Feldzug mehr. Mehrfach flackerte die Hoffnung auf, daß das Morden in absehbarer Zeit ein Ende nehmen werde. Da war zunächst die Landung der Alliierten in der Normandie. Mit Herzklopfen und unter einer Decke gegen unliebsame Mithörer abgeschirmt, verfolgten wir die Berichte von Radio London. Für unsere Ungeduld und Angst vor der Zukunft dauerte der Vormarsch allerdings zu lange.

Dann kam die Nachricht vom Attentat auf Hitler. Sollte der Spuk der Nationalsozialisten ein Ende nehmen? Groß war unsere Enttäuschung, als der Mißerfolg des Anschlags bekannt wurde. So schwankten wir ständig zwischen Hoffen und Bangen.

Anfang September wurde unsere Lage kritisch. Die Gestapo hatte erneut begonnen, die in Mischehen lebenden Personen zu inhaftieren. Zwar gab es Schwierigkeiten bei der Zustellung der Bescheide, aber diejenigen, die ihre Aufforderung erreichte, hatten sich umgehend im Lager Fort V in Müngersdorf einzufinden. Für uns stand fest, daß wir auf keinen Fall einem solchen Befehl Folge leisten würden. Über das Lager und das, was darauf folgte, gab es nur unbestätigte Gerüchte. Eines wußten wir jedoch: daß von niemandem, der dahin ging, je wieder etwas gesehen oder gehört worden war. Unser Gepäck mit dem Nötigsten stand auf jeden Fall immer griffbereit.

Etwa in der zweiten Septemberwoche warnte uns frühmorgens ein Nachbar, der über unsere spezielle Situation Bescheid wußte: »Macht, daß ihr schnell fortkommt! Die Gestapo ist mit euren Vorladungen nach Müngersdorf unterwegs. Hier seid ihr nicht mehr sicher!«

Nun hatten sie uns also schließlich doch ausfindig gemacht! In Windeseile zogen wir uns an und griffen nach unseren Köfferchen. Wir sahen uns noch einmal in unserem kleinen Heim um, das uns nun, da wir es verlassen mußten, wie ein Palast vorkam. Dann schlossen wir hinter uns die Tür.

Papa gab einem älteren Arbeiter, der wegen Invalidität nicht an die Front mußte, die Werkstattschlüssel und sagte: »Wir werden uns ein paar Tage auf dem Land erholen. Paß gut auf alles auf.«

Wohin nun? Erst einmal schnell fort aus der näheren Umgebung! Vielleicht konnten wir bei unserer Hauswirtin Hilfe und Rat finden. Sie wohnte in Rhöndorf in einem kleinen Häuschen am Rande des Ortes. Das war erst einmal unser Ziel.

•••

Wir durchquerten die Stadt bis zum Rheinufer. Von dort fuhren wir mit der Rheinuferbahn nach Bonn. Unterwegs fuhr uns der Schreck in die Glieder, als mehrere Männer in Ledermänteln mit prüfenden Blicken durch die Wagen des Zuges gingen. Sollte unsere Flucht schon hier zu Ende sein? Unsere Anspannung ließ nach, als sie uns unbeachtet ließen. Zu viele waren mit Gepäck unterwegs, und irgendwie glichen wir uns alle.

In Bonn stiegen wir in die Siebengebirgsbahn um zur Weiterfahrt nach Rhöndorf. Für die Schönheit der Landschaft hatten wir kein Auge. Unsere Hauswirtin wohnte nicht weit von der Haltestelle am Ortsrand. Obwohl unser Besuch überraschend und unangemeldet kam, wurden wir freundlich empfangen und aufgenommen. In dieser Nacht schliefen wir zum ersten Mal seit langer Zeit ohne Störung.

Unsere Gastgeberin, Frau Schützendorf, lebte nach dem Tode ihres Mannes allein. Das vereinfachte unsere Situation. Die einzelnen Häuser lagen weit auseinander, und der Kontakt zu den Nachbarn war gering. Dessen ungeachtet war uns klar, daß unser Aufenthalt hier nur kurz sein konnte.

Papa fuhr am nächsten Tag allein zurück nach Köln. Er wollte die Lage sondieren und vor allem Kontakt zu seinem Freund, dem Gastwirt Niemeier, aufnehmen. Sein Lokal war ebenfalls im April zerstört worden und befand sich jetzt in der Flandrischen Straße. Unsere Flucht hatte zur Folge, daß wir ab dem nächsten Monat keine Lebensmittelkarten mehr erhalten würden. Im Keller lagerten zwar die von Mama fleißig gefüllten Einweckgläser mit Obst und Gemüse, das reichte jedoch nicht zum Überleben aus.

Die im Laufe der Jahre gewachsene Freundschaft bestand jetzt ihre Bewährungsprobe. Der Wirt erklärte sich bedingungslos bereit, uns täglich mit ausreichend Essen zu versorgen. Nun mußte noch eine sichere Unterkunft herbeigezaubert werden.

Darüber berieten wir abends nach Papas Rückkehr gemeinsam. Es eilte noch mehr, als wir bisher gelaubt hatten. Am nächsten Morgen kehrte unsere Gastgeberin kreidebleich und zitternd von ihrem Einkauf im Ort zurück. Erst wollte sie nicht mit der Sprache heraus, aber wir ließen nicht locker. Schließlich erzählte sie uns, was sie in der Bäckerei gehört hatte. Eine Familie in Rhöndorf hatte Juden aufgenommen und versteckt. Sie wurden an die Gestapo verraten und waren in der Nacht alle verhaftet und weggebracht worden. Kein Wunder, daß unser guter Engel von Angst geschüttelt wurde. Da wir sie nicht leichtfertig gefährden wollten, mußten wir dafür sorgen, unseren Aufenthalt bei ihr so schnell wie möglich zu beenden.

Also begleitete ich an den nächsten Tagen Papa nach Köln. Bereits bei seinem ersten Besuch hatte er dem Arbeiter für den Rest der Woche Urlaub gegeben. So war also niemand außer uns im Gebäude der Werkstatt. Wir machten uns daran, die hinterste Ecke des Kellers in einen bewohnbaren Raum zu verwandeln. Es war schwerste Arbeit, und ich weiß heute nicht mehr, wie wir das überhaupt geschafft haben. Nach und nach schafften wir Betten, Tisch, Stühle und den Teppich aus dem ehemaligen Büro hinunter in den Keller. Es war kalt dort unten, doch zum Glück gab es da noch einen Zimmerofen aus der alten Wohnung. Der würde uns die nötige Wärme spenden. Eine Deckenlampe wurde von Papa so verlängert, daß sie über dem Tisch hing. Sie erhielt eine Schnur mit Schalter zum An- und Ausschalten.

Für Notfälle bei Stromausfall besaßen wir eine Karbidlampe, wie sie von Bahnbeamten benutzt wurde, die ein sehr helles Licht abgab. Karbid gab es zum Glück in der Werkstatt in ausreichender Menge. Allerdings machte uns der Mangel an Reservebrennern Sorge. Lediglich zwei Stück waren noch vorrätig.

Die Einrichtung vervollständigte das Radio und mancherlei Kleinkram. Geschirr und Vorräte verstauten wir in den alten Tabaköfen, die uns als Schrankersatz gerade recht waren.

Als nächstes sorgte Papa für einen Wasseranschluß, denn die oberen Etagen mußten wir natürlich meiden. Alle verfügbaren Eimer schafften wir nach unten, die dann den verschiedensten Zwecken zu dienen hatten. Nachdem wir all dies erledigt hatten, mußten wir noch den Zugang zu unserer Ecke mit Kisten und für uns derzeit unbrauchbaren Möbelstücken kaschieren. Niemand, der in den Keller kam, durfte etwas von dem Wohnbereich sehen. Da nur Papa und ich Schlüssel zur Tür besaßen, konnten wir einigermaßen vor Überraschungen sicher sein.

Zwei Tage schufteten wir wie die Verrückten, dann war es geschafft und wir besahen uns zufrieden unser Werk.

Am Nachmittag des dritten Tages verließen wir Rhöndorf. Unser Abschied wurde von guten Wünschen und heimlichen Seufzern der Erleichterung begleitet. Das war der lieben, alten Dame nicht zu verdenken. Zu groß war die Gefahr für sie, verraten und ebenfalls verhaftet zu werden.

Wie geplant erreichten wir Köln in der Abenddämmerung. Im Schutz der hereinbrechenden Nacht schlichen wir über den Trümmerpfad des Vorderhauses in den Hof und von da in den Keller. Die Anspannung wich von uns und entlud sich bei uns allen erst einmal in Tränen der Erleichterung und auch der Sorge um die Zukunft. Wie lange wir hier in unserem Asyl bleiben konnten, wußten wir nicht. Niemand hatte von unserem Kommen und Verschwinden Notiz genommen.

...

Niemand, auch nicht der Arbeiter in der Werkstatt, ahnte etwas von der Wohnung im Keller. Langsam gewöhnten wir uns an die neue Situation und richteten unser Leben danach ein. Papa versah seine gewohnte Arbeit. Fragen nach dem Verbleib seiner Frau und unserer derzeitigen Unterkunft beantwortete er mit ausweichenden Floskeln. In die Zeit unseres Abstechers nach Rhöndorf war ein Wochenende gefallen. So hatte ich in der Schule lediglich zwei Tage versäumt, die ich mit Erkältung entschuldigen konnte. Es war überhaupt ein Wunder, daß noch so etwas wie regelmäßiger Schulunterricht stattfand. Meinen Schulweg verlegte ich möglichst auf abseits liegende Straßen, um so wenig als möglich in der Umgebung unserer Wohnung gesehen zu werden.

Die schwerste nervliche Belastung hatte Mama zu ertragen. Sie war dazu verurteilt, den Tag still und untätig im Keller zu verbringen. Ihre Gedanken versuchte sie mit Lesen zu verscheuchen. Erst nach Betriebsschluß, wenn niemand außer uns im Hause war, wagten wir, mit normaler Lautstärke zu sprechen. Mama ging nach Einbruch der Dunkelheit in den Hof, um frische Luft einzuatmen. Außerdem gab es da einiges zu tun. So mußten die Eimer mit unserer Notdurft in den Trümmern entleert werden. Die auf dem Hof gelegene Toilette der Werkstatt war durch nachrutschende Trümmerteile unbenutzbar geworden. Unsere Aktivitäten im Freien mußten möglichst lautlos erfolgen, damit uns niemand im Nachbarhaus hörte.

Abends konnten wir auch endlich das von Papas Freund prompt gelieferte Essen wärmen und verzehren. So konnte sich der unvermeidliche Essensgeruch bis zum anderen Morgen verflüchtigen. Ohne diese Versorgung hätte es mit uns schlecht ausgesehen. Mit unseren letzten Lebensmittelmarken kaufte ich in entlegenen Straßen haltbare Nahrungsmittel ein, soweit sie zu bekommen waren. Ab Oktober würde es damit zu Ende sein. Wir aktivierten unseren verschütteten Optimismus und sagten: »Kommt Zeit, kommt Rat!« Vielleicht rückten die Amerikaner etwas schneller vor. Vielleicht, vielleicht!

Im Bemühen, etwas von unserer Dankesschuld bei unserem Wohltäter abzutragen, half ich täglich nach der Schule in der Küche der Gaststätte. Da gab es Unmengen von Gemüse und Kartoffeln für die Zubereitung der Mahlzeiten vorzubereiten. Meist erhielt ich, sobald die Gäste versorgt waren, auch eine Mahlzeit vorgesetzt. Später nahm ich dann den Topf mit dem Essen für uns alle mit. Mama war immer froh, wenn ich endlich zurückkam und wir alle wieder unter einem Dach beieinander waren. Die auferzwungene Einsamkeit und Untätigkeit machte ihr von Tag zu Tag mehr zu schaffen. Sie wurde zunehmend reizbarer und verlor all ihren Humor.

Eines Nachmittags, ich war gerade erst eine knappe Stunde wieder zurück, hörten wir, wie die Kellertür aufgeschlossen wurde. Papa kam außer der Reihe und war nicht allein! Er verhielt sich absichtlich ungeschickt beim Öffnen der Tür und redete laut mit der ihn begleitenden Person. Es war eine ehemalige Nachbarin, die im nun zerstörten Vorderhaus die vierte Etage bewohnt hatte. Sie hatte damals, genau wie wir, etliche Kisten mit Hausrat und Wäsche im Keller der Werkstatt untergestellt. Papas Verzögerungstaktik verschaffte uns die notwendige Zeit, das Licht zu löschen und uns möglichst unsichtbar zu machen.

Die Nachbarin wollte einiges aus den Kisten holen, das sie dringend benötigte. Mama und ich lagen mit angehaltenem Atem auf einem der Betten. Nur jetzt nicht husten und niesen! Schon der Gedanke daran ließ es mir in Nase und Hals kribbeln.

Der unerwünschte Besuch ließ sich Zeit und verwickelte Papa in ein uns endlos vorkommendes Gespräch mit der Frage nach unserem Verbleib und dem neuesten Klatsch. Warum ging sie nicht endlich? Wir glaubten, schon Stunden regungslos auf dem Bett zu liegen, doch sicher waren es nur Minuten. Dann drängte sich ein lautes Ticken in unser Bewußtsein. Himmel, wir hatten vergessen, den Wecker unter dem Kopfkissen zu verstecken. Das mußte ja im ganzen Raum zu hören sein! Wie Violinsaiten waren unsere Nerven angespannt. Doch nur wir hörten es, und endlich verschwanden die beiden aus dem Keller. Wir registrierten erleichtert, wie die Tür wieder abgeschlossen wurde. Immer noch zitternd vor unterdrückter Aufregung erhoben wir uns und knipsten das Licht an. Es dauerte geraume Zeit, bis wir uns soweit beruhigt hatten, daß wir wieder zur »Normalität« zurückkehren konnten.

Der Aufenthalt in unserem Versteck brachte aber noch manche zusätzliche Belastung mit sich. Besonders schwer erträglich waren – nur zu dritt in dem großen Keller – die sich häufenden Fliegerangriffe. Niemand würde uns suchen, sollte hier etwas geschehen. Ein furchterregendes Gefühl war das. Bedingt durch die auch tagsüber dichtfolgenden Alarme war ein geregelter Betrieb in der Werkstatt nicht mehr möglich.

Papa schickte den verbliebenen Arbeiter auf unbestimmte Zeit nach Hause und wünschte ihm alles Gute. Nun waren wir endgültig allein im Gebäude. Um den Anschein nach außen aufrechtzuerhalten, werkte Papa weiter in der ersten Etage.

Eine fast vergnügliche Abwechslung bot uns anfänglich die nächtliche Mäusejagd. Zu unserem Glück hatten wir alle keine Angst vor den possierlichen Nagern. Das wäre bei Ratten schon anders gewesen, aber die gab es zu unserer Erleichterung hier nicht. Den Mäusen versuchten wir erst einmal mit dem Aufstellen von Fallen beizukommen. Doch nach den ersten Erfolgen verachteten die Tiere die ausgelegten Köder. Die waren ihnen wohl nicht attraktiv genug. Also zogen wir nachts die Decken über den Kopf und hofften auf ungestörten Schlaf.

Bis Ende September verschlechterte sich die allgemeine Lage stetig. Am Westwall tobten die Kämpfe. Längst waren schon alle Jungen ab fünfzehn Jahren zum Schanzen eingezogen worden. Darunter auch einer meiner engeren Freunde aus der Nachbarschaft. Er hat den Krieg nicht überlebt. Wie wir später erfuhren, war er vom Westwall desertiert und kurz bevor die Amerikaner einrückten von einem Granatsplitter getroffen und getötet worden.

Am 29. September hörten wir im Radio die Nachricht, daß Köln zur Festung erklärt worden sei.

Berichten zufolge scheiterte der Versuch zur Organisation des Volkssturms (Männer ab fünfzig Jahren aufwärts) und der Verteidigung der Stadt an der Kölner Mentalität, die gegenüber Autoritäten oft die geforderte Achtung verweigerte.

...

Ende September leitete ein schwerer Angriff einen Monat mit den stärksten Nervenbelastungen für die Kölner Bevölkerung ein. In kurzen Abständen, von nur wenigen Tagen der Ruhe unterbrochen, folgte ein Angriff dem anderen. Tagsüber luden die amerikanischen Maschinen ihre Last auf uns ab, und nachts folgten ihnen die Engländer. So sollte wohl die »Festung«, unser armes zerschundenes Köln, sturmreif bombardiert werden.

Die unterschiedlichen Flugzeugtypen erkannten wir inzwischen am Motorengeräusch. Wir wurden wahre Experten darin. Die Amerikaner hatten Motoren mit einem tiefen, satten Ton, während die englischen Maschinen einen wesentlich höheren Klang hatten.

Schulunterricht war nicht mehr möglich, und am 4. Oktober schlossen alle Schulen auf unbestimmte Zeit. Die Lehrer verpflichtete man zum Schanzen am Westwall und in der Eifel. Bisher gab es noch die Möglichkeit, im Radio über den Soldatensender Calais die Frontbewegungen zu verfolgen. Nach den Berichten stand Aachen kurz vor der Kapitulation. Doch all das dauerte für uns viel zu lange. Die Alliierten ließen sich bei ihrem Vormarsch Zeit. Sie konnten es sich leisten, ihre Kräfte zu schonen, während wir dem Ende des Grauens entgegenfieberten.

Anfang der zweiten Oktoberwoche ließen die Luftangriffe für einige Tage nach. Wir genossen dankbar die unverhoffte Ruhepause, und unser Tagesablauf normalisierte sich einigermaßen.

Die Freude war leider kurz, denn in den frühen Nachtstunden des 14. Oktobers erwachten wir wieder einmal durch Motorengeräusch in der Luft. Freund oder Feind? Alarm hatten wir keinen gehört. Unser Schlaf war offenbar zu tief gewesen. Das Pfeifen einer herabstürzenden Bombe, das näher und näher kam, beantwortete unsere Frage. Instinktiv verkroch ich mich unter meine Decke, als wenn sie mir Schutz bieten könne. Der Aufschlag des Sprengkörpers war ganz in unserer Nähe. Der bedrohliche Ton der Flugzeugmotoren verstärkte sich. Mama versuchte mehrfach vergeblich, das Licht anzuschalten, bis es ihren zitternden Händen endlich gelang. Mechanisch kleideten wir uns an. Der Hexentanz um uns herum dauerte etwa eine Viertelstunde, dann war es vorbei. Genauso lange hatten wir benötigt, unsere Kleidung überzustreifen.

Der Rest der Nacht blieb ungestört, und wir versuchten, etwas Schlaf zu finden. Im Unterbewußtsein lauschten wir aber auf jedes fremde Geräusch. Ungefähr um zehn Uhr morgens folgte bereits der nächste Angriff. Auch dieser verlief glimpflich für uns, und wir fühlten uns für den restlichen Tag vor weiteren Störungen sicher. Noch nie bisher waren wir zweimal am gleichen Tag angegriffen worden. Doch diesmal sollte es anders kommen. Kaum eine Stunde später heulten die Sirenen, die wir diesmal nicht überhörten. Was nun folgte, war fast unbeschreiblich.

Welle auf Welle donnerten die Flugzeuge heran und ließen ihre verderbenbringende Last auf Köln hernieder rasseln. Das Licht erlosch. Luftdruck um uns einschlagender Bomben riß die vor das Kellerfenster genagelten Blechplatten heraus. Krachend polterten sie zusammen mit den Scherben der Fensterscheiben in den Kellerraum. Der Ofen spie Feuer, als erneuter Luftdruck den Abzug blockierte. Im letzten Moment gelang es Papa, herausgefallene glühende Kohle vom Teppich zu entfernen. Wir hockten nebeneinander auf der Kante meines Bettes. Wie verängstigte Tiere drückten wir uns aneinander und hielten uns umklammert. Der Boden bebte von den stetig näher rückenden Einschlägen.

»Lieber Gott, mach, daß es aufhört! Bitte, bitte, hilf uns, hier heil hinauszukommen!« Unbewußt murmelte ich immer wieder dieses Stoßgebet.

Doch der Höllentanz ging weiter. Endlos schien sich die Zeit zu dehnen. Nach den Einschlägen eines besonders nahen Bombenteppichs ließ die Gewalt des Angriffs langsam nach. In der allmählich einsetzenden Stille hörten wir plötzlich ein Knistern. Der Keller füllte sich mit Rauch, und wieder einmal erklang der Schreckensruf: »Es brennt!«

Instinktiv griffen wir jeder nach einem Handtuch und tauchten es in Wasser, um es dann fest vor Mund und Nase zu pressen. Unsere Augen brannten. Draußen war inzwischen Ruhe eingekehrt. Endlich konnten wir es wagen, den Keller, der uns fast zur Todesfalle geworden wäre, zu verlassen. Mit unserem stets bereitstehenden Notgepäck stiegen wir ans Tageslicht. Tief holten wir Luft und atmeten endlich wieder freier.

Durch eine Pforte in der Hofmauer, zu der wir einen Schlüssel besaßen, gelangten wir auf das Nachbargrundstück. Wir brauchten unbedingt Kontakt mit anderen Menschen, ungeachtet der Gefahr, die sich daraus für uns ergeben könnte. Unser plötzliches Auftauchen im Luftschutzraum des Nachbarhauses löste allgemeines Erstaunen aus.

»Mein Gott, ihr lebt ja! Wo seid ihr denn die ganze Zeit gewesen?« Papa übernahm es, unser Erscheinen einigermaßen überzeugend zu erklären. Mama und ich waren beide nicht fähig, zusammenhängend zu sprechen: Der Schock der letzten Stunden saß zu tief. Die Nachbarn boten uns etwas zu trinken an. Ich weiß nicht mehr, was uns da gereicht wurde. Auf jeden Fall beruhigte es unsere vom Rauch gereizten Kehlen. Auch Butterbrote gab es, doch wir brachten keinen Bissen herunter.

Nach längerer Zeit, in der es draußen ruhig blieb, wagten

wir uns ins Freie. Schreck erfaßte uns, denn die oberste Etage der Werkstatt stand in hellen Flammen. Wassermangel verhinderte effektive Löschversuche. Offensichtlich hatte das Feuer die Farbvorräte erfaßt und da reichlich Nahrung gefunden. War uns nun auch unsere letzte Zuflucht für immer versperrt?

Machtlos sahen wir dem Zerstörungswerk der Flammen zu. Die Luft war von Rauch erfüllt, der in den Augen brannte. Obwohl eigentlich heller Tag sein sollte, herrschte ein diffuses Dämmerlicht. Plötzlich, vielleicht durch einen Windstoß, bahnte sich die Sonne einen Weg durch die Rauchschwaden. In rötlichem Licht, matt und strahlenlos, so stand sie am Himmel. Es war, als wagte sie nicht, über das Zerstörungswerk der Menschen ihren vollen Glanz auszusenden.

Ich starrte hinauf und murmelte: »Und die Sonne scheint dazu! Wie kann das nur möglich sein?«

Immer wieder flüsterte ich diese Worte vor mich hin, wie ein Automat, den man vergessen hatte abzustellen.

Unermüdlich versuchten die Männer, den Brand einzudämmen. Ihre Mühe blieb vergeblich. Zweite Etage und Treppenhaus des Fabrikgebäudes brannten in kurzer Zeit restlos aus. Dank der Steinböden zwischen den Geschossen fanden die Flammen keinen Weg in die restlichen Etagen und den Keller. Mangels weiterer Nahrung erlosch schließlich das Feuer und hinterließ schwelende Reste.

...

Unser Heim im Keller der Werkstatt war für uns unerreichbar. Der immer noch schwelende Schutt blockierte den Eingang. Wieder faßten wir den Entschluß, eine Unterkunft außerhalb Kölns zu suchen. Doch wo sollten wir diesmal hin? Viele Möglichkeiten gab es nicht. Wir erinnerten uns an die weitläufige Verwandtschaft im Oberbergischen. Vielleicht konnten wir dort einige Zeit untertauchen. Zu unserem Glück war die Bahnstrecke nach Gummersbach noch benutzbar.

Dort angekommen, wanderten wir etwa sechs Kilometer bis zu Großvaters Heimatdorf. Unter anderen Umständen hätte uns der Weg durch die herbstlich bunte Landschaft sicher viel Freude bereitet. Endlich standen wir vor dem alten Haus, das seit jeher der Familie gehörte. Der ersten Wiedersehensfreude und Überraschung folgten schnell ernste und bedenkliche Mienen. Für einen längeren Aufenthalt war nicht genügend Platz vorhanden. Schließlich gewährte man uns eine Erholungspause von einigen Tagen.

Unser provisorisches Nachtlager unter dem Dach erschien uns wie ein Paradies. Und daraus mußten wir schließlich wieder weichen. Wir spürten das Unbehagen und vielleicht auch die Angst um uns herum, denn man kannte natürlich unsere besondere Situation. Wären wir als normale Fliegergeschädigte erschienen, dann hätten sich alle leichter getan, und das Problem wäre sicher irgendwie gelöst worden. Doch wir waren Flüchtlinge, die jedem, der uns half, Gefahr für Leib und Leben einbringen konnten. Also blieb uns am Ende doch wieder nur der Weg zurück nach Köln. Dort war es uns am ehesten möglich, unterzutauchen, ohne daß sich eine neugierige Dorfgemeinschaft für uns interessierte.

Ich bebte vor Angst, als wir über eine Leiter in den Keller unserer Werkstatt zurückkehrten. Noch solch ein Angriff hier allein mit den Eltern, und ich würde schreien! Meine Eltern spürten meine Panik. Ihnen ging es nicht viel anders. Sie waren nur besser in der Lage, ihre Gefühle zu verbergen. So beschlossen wir, künftig bei Alarm sofort zum nächsten öffentlichen Luftschutzkeller zu laufen. Dies beruhigte mich etwas, denn dort waren wir mit Gewißheit nicht allein.

Unser nächster Weg führte uns zur Gaststätte von Papas

Freund. Doch wie alle Häuser um sie herum bestand sie nur noch aus Schutt und Asche. Was nun? Wie sollten wir nun an Verpflegung kommen? Jetzt half nur noch das Motto: »Frechheit siegt!« Im Foyer des zerstörten Millowitsch-Theaters auf der Aachener Straße hatte das Rote Kreuz eine provisorische Ausgabestelle für Verpflegung eingerichtet. Niemand fragte die Bittsteller nach Herkunft und Namen. Dies war nicht die Zeit für Bürokratie. Dort gingen wir hin und baten um Hilfe. Wir erhielten das Nötigste, um satt zu werden. Meist gab es nur dünn belegte Brote, doch manchmal reichte es auch für eine warme Mahlzeit wie Suppe oder Eintopf.

Die Angriffe auf Köln gingen unablässig weiter. Nur selten waren uns Ruhepausen gegönnt. Die Zeit zwischen Vor- und Hauptalarm reichte meist gerade aus, den Luftschutzkeller in der Richard-Wagner-Straße zu erreichen. Inzwischen suchten dort die meisten Bewohner der Umgebung Schutz. Bei aller Fremdheit hatte die Nähe anderer Menschen etwas Tröstliches. Man fühlte sich etwas weniger verwundbar.

Ende Oktober wurde die Bedrohung aus der Luft so schlimm, daß wir den großen Schutzraum kaum noch verlassen konnten. Die Angriffe folgten einander manchmal ohne spürbare Pause. Sirenenwarnung wurde zur reinen Glücks- oder Zufallssache. Meist verließen wir uns auf unser Gefühl, wenn wir uns ins Freie wagten.

Drei Tage und Nächte verbrachten wir zusammen mit unseren Leidensgefährten halb sitzend, halb liegend auf den kahlen Holzbänken. Zum Glück hatten wir einen Platz an der Wand. So konnten wir uns wenigstens anlehnen. Sobald es die Luftlage draußen zuließ, machte ich mich mit Papa auf den Weg, um etwas Eßbares herbeizuschaffen. Mama blieb als Hüterin unserer wenigen Habseligkeiten und ihren Ängsten hilflos ausgeliefert allein zurück. Es muß ganz furchtbar für sie gewesen sein, tatenlos unsere hoffentlich schnelle und gesunde Rückkehr zu erwarten.

Die Verpflegungsstelle war inzwischen in die Schule Lochnerstraße verlegt worden. Hier hatte man den gesamten Rest der Verwaltung zentral zusammengelegt, und es herrschte ziemliches Chaos, als wir dort nach einem Weg von fast einer Viertelstunde eintrafen. Mit Paketen von Broten beladen, erreichten wir glücklich wieder unsere Zuflucht.

Am nächsten Tag machten wir uns wieder auf den Weg zur Versorgungsstelle. Diesmal überraschte uns unterwegs Alarm, und wir saßen in der Schule fest. Wir nutzten die Gelegenheit, uns noch einmal gründlich mit Verpflegung zu versorgen. Zu unserem Glück war Köln diesmal nicht das Angriffsziel. Schnell eilten wir zu Mama zurück, die vor Sorge fast außer sich war.

So ging das nicht weiter! Erneut beschlossen wir, Köln zu verlassen. Über das Wie und Wohin fehlte uns zwar noch jede Vorstellung, aber irgend etwas würde uns schon noch einfallen.

So also machten wir uns wieder einmal auf den Weg ins Ungewisse. Müde und nicht besonders sauber wanderten wir die Aachener Straße ostwärts in Richtung Rhein. In der Tür seines halbverwüsteten Ladens stand unser Metzger. Etwas scheu grüßten wir ihn, denn an seinem Rockaufschlag leuchtete das Parteiabzeichen. Er sah uns die Besorgnis wohl an, denn er winkte uns heran. Auf seine Frage nach dem Wohin sagten wir, daß wir endgültig fort wollten. Er bat uns, einen Moment zu warten. Nach kurzer Zeit kehrte er mit einem länglichen Paket zurück.

»Da habt ihr etwas für unterwegs! Hoffentlich sehen wir uns gesund wieder. Alles Gute!«

Wir bedankten uns für Gabe und Gruß und fanden später im Paket die Kostbarkeit einer großen Dauerwurst. Es gab doch überall anständige und gute Menschen, auch wenn der Schein dagegen sprach.

Verkehrsmittel gab es keine. Wir waren auf unsere Füße angewiesen. So zogen wir durch die zerbombten Straßen, überquerten den Rhein und wanderten, bis wir freies Feld vor uns hatten. An der Frankfurter Straße, einer vielbenutzten Nord-Südverbindung blieben wir stehen. Nur selten fuhr ein Fahrzeug vorbei. Keines hielt an. Erst nach längerer Zeit stoppte ein Lastwagen. Auf unsere Frage nach seinem Ziel nannte der Fahrer Siegburg.

Das erinnerte Papa an seinen befreundeten Kollegen, der sich mit seinem Betrieb in ein Dorf bei Siegburg zurückgezogen hatte. Damals hatte er uns seine Adresse gegeben, für den Fall, daß wir seine Hilfe benötigten. Nun, wenn wir nicht in einer Notlage waren, was denn sonst? Auf jeden Fall war es einen Versuch wert.

Also stiegen wir mit Hilfe des freundlichen Fahrers auf die Ladefläche des Wagens und ließen Köln hinter uns zurück. Ein wehmütiger letzter Blick galt dem Dom, der scheinbar unverletzt über der zerbombten Stadt im Mittagslicht zu schweben schien.

...

Der hilfreiche Fahrer setzte uns nach holpriger Fahrt auf der ungeschützten Ladefläche am Siegburger Bahnhof ab. So weit hatten wir es also schon geschafft. Papa ging zum nächsten Telefon und wählte die Nummer seines befreundeten Kollegen. Adresse und Telefonnummer hatte er stets in seiner Brieftasche mit sich geführt. Wieder zurück sagte er: »Wir können im Dorf unterkommen. Dilger hat mir den Weg erklärt. Er will inzwischen für unsere Unterkunft sorgen.«

Uns fiel ein Stein vom Herzen. Sollten wir nun endlich eine sichere Zuflucht finden? Die Richtung unserer Fahrt ins Ungewisse war schließlich nur aufgrund eines mehr oder weniger vagen Versprechens bestimmt worden. Trotz unserer Erleichterung blieb in uns ein Rest von Zweifel und Sorge.

Eine Kleinbahn fuhr uns mit bimmelnder und dampfender Lokomotive durch fruchtbare Felder nach Birlinghoven, einem Ort am Fuße hügeliger Landschaft vor dem Siebengebirge. Von dort aus mußten wir zu Fuß weiterziehen. Unser Ziel hieß Rauschendorf und lag etwa eine Stunde Weg bergauf auf dem Gipel eines Hügels. Das uns als Wegweiser beschriebene Wahrzeichen des Ortes, eine schöne Pappelallee, war weithin sichtbar und nicht zu verfehlen.

Müde wanderten wir die Straße bergauf. Sie dehnte sich lang und länger. Unser geringes Gepäck wurde von Schritt zu Schritt schwerer. Wir mobilisierten unsere letzten Energiereserven, um auch den letzten Teil des Weges zu schaffen. Endlich leuchtete uns das Ortsschild am Dorfeingang entgegen. Nun war es nicht mehr weit! Allmählich flachte die Steigung ab. An einzelnstehenden Bauernhöfen und Fachwerkhäusern vorbei näherten wir uns der Ortsmitte.

Die von uns gesuchte Adresse lag an der Ecke eines kleinen Dorfplatzes, den eine schöne Wasserpumpe schmückte. Eine Mauer mit einem großen Tor schloß sich an ein stattliches Fachwerkhaus an und schirmte das Anwesen gegen die Straße ab. Einige Neugierige beobachteten unsere Ankunft mit schlecht verhohlenem Interesse. Auf unser Klingelzeichen öffnete eine ältere Frau mit verkniffenen Gesichtszügen das Tor. Sie musterte uns erst einmal von oben bis unten. Dann sagte sie: »Da sind Sie also! Mein Mann hat mir schon gesagt, daß Sie auf dem Weg hierhin sind. Kommen Sie mit, er erwartet Sie im Haus.«

Das also war Frau Dilger. Sie wirkte sichtlich bemüht, uns ihre Ablehnung nicht allzu offen zu zeigen. Offenbar fand unser Kommen nicht ihre Zustimmung. Ihr Mann, Papas Kollege, saß in einem Lehnstuhl und wurde von einer Erkältung geplagt. Er begrüßte uns lautstark und polternd mit aufrichtiger Herzlichkeit. Unsere durch den Empfang am Tor ausgelöste Beklommenheit wich langsam. Sicher waren wir nur übermüdet und hatten uns die Ablehnung nur eingebildet.

Ein Stück die Straße hinauf hatte Dilger eine Unterkunft für uns gefunden. Dort besaß eine Witwe mit fünf erwachsenen Kindern ein kleines Anwesen. Seit die Söhne an der Front dienten und die einzige Tochter im Siegburger Krankenhaus arbeitete, lebte sie allein im Haus und freute sich über Gesellschaft. Zwei kleine Dachkammern wollte sie uns zur Verfügung stellen. Die gute Nachricht löste bei uns große Erleichterung aus.

Vorerst sollten wir dort nur schlafen, denn es gab keinen Ofen in den für uns bestimmten Räumen. Tagsüber war vorgesehen, daß wir uns bei den Dilgers aufhielten. Papas Hilfe in der Werkstatt, die in einer großen Scheune hinter dem Haus untergebracht war, kam hier gerade recht. Mama und ich wollten uns im Haushalt nützlich machen, denn es lag nicht in unserer Natur, von der Wohltätigkeit anderer zu leben.

Nach dem früh angesetzten Abendessen, das uns nach den letzten Wochen wie ein Festmahl vorkam, begleitete uns Dilger zu unserem neuen Heim. Durch ein kleines Törchen im Gartenzaun betraten wir einen langgestreckten Nutzgarten. Trotz der fortgeschrittenen Jahreszeit waren die Beete noch dicht mit Gemüse und Kartoffeln bepflanzt. Blumen begrenzten den Wegrand. Heftiges Gebell schallte uns entgegen, und ein Dackel rannte heran. Er geleitete uns, immer um uns herum springend, bis zu dem kleinen Haus, das in der ganzen Breite des Gartens am Ende des Weges lag. Es wirkte wie ein Haus aus dem Märchen und heimelte uns auf den ersten Blick an. In der Folge nannten wir das Fachwerkhaus »unser Hexenhäuschen«.

Eine stattliche Frau trat aus der Tür und sah uns entgegen. Sie begrüßte uns mit freundlichen Worten und war uns sofort sympathisch. Mit geübtem Blick erfaßte sie unsere Erschöpfung und führte uns gleich eine enge Wendeltreppe hinauf in das Obergeschoß. Rechts von der Treppe ging eine Tür in zwei hintereinander liegende kleine Dachkammern.

»Ruhen Sie sich erst einmal richtig aus. Wir können uns morgen früh miteinander bekannt machen. Gute Ruhe!« Damit verließ sie uns.

Wir sahen uns in unserem neuen Heim um. Das vorderste Zimmerchen war mit einer großen leeren Truhe, einem Tisch und mehreren Stühlen möbliert. Dahinter lag der zweite Raum, den zwei große, von einem Nachttisch getrennte Betten nahezu vollständig ausfüllten. Beide Räume hatten schräge Wände, in die zum Garten hinaus jeweils ein Fenster eingelassen war. Wie wir später erfuhren, hatten hier oben die vier Söhne geschlafen.

Unsere Wirtin führte den seltenen Namen Schmitz. Zur Unterscheidung von all den anderen Familien im Dorf namens Schmitz nannte man sie »de Pittersch« nach dem Vornamen Peter ihres verstorbenen Mannes. Sie wirkte nach außen hin oft streng und hart. Wir entdeckten jedoch sehr bald ihr sorgfältig verborgenes weiches und mitfühlendes Herz.

Unsere erste Nacht in Ruhe und Frieden bescherte uns einen ungestörten, tiefen Schlaf, aus dem wir am nächsten Morgen erholt und tatendurstig aufwachten. Kölns Hölle lag wie ein böser Traum weit hinter uns.

...

In den ersten Wochen des Novembers lernten wir allmählich unsere neue Umgebung kennen. Die von Nord nach Süd verlaufende Durchgangsstraße teilte das Dorf in einen oberen und einen unteren Bereich. Das Unterdorf zog sich westwärts tief den Hügel hinab. Wir wohnten im Oberdorf. Östlich davon begrenzte die Autobahn Köln-Frankfurt das Gelände unterhalb des Dorfes. Nördlich am Fuße des Hügels lag Birlinghoven, von wo wir heraufgewandert waren, und südlich in etwa gleicher Entfernung der Ort Stieldorf in direkter Linie zum Siebengebirge.

Südöstlich des Ortes überspannte eine Brücke die Autobahn, die uns magisch anzog, sobald wir sie entdeckten. Ihre Besonderheit lag darin, daß von ihrer Mitte aus der obere Teil des Kölner Doms für uns sichtbar wurde. Vor allem mich zog es in der Folge immer wieder dorthin. Der tröstliche Anblick der Domtürme linderte mein stets vorhandenes Heimweh, das mich trotz allem, was uns in den letzten Wochen dort widerfahren war, immer wieder plagte. Solange noch der Dom stand, lebte Köln weiter. In diesem Glauben sind die echten Kölner schon ein besonderes Völkchen.

Das Leben in Rauschendorf war für die von uns gewohnten Maßstäbe sehr schlicht und einfach. Nur begüterte Hausbesitzer besaßen im Haus eine eigene Wasserpumpe. Papas Kollege Dilger gehörte auch zu ihnen. Seine Frau stammte aus einer wohlhabenden Bauernfamilie, und das Anwesen war ihr Erbteil.

In unser »Hexenhäuschen« jedoch mußte das Wasser von der großen Pumpe am Dorfplatz geholt werden. Meine Körpergröße machte es mir nicht gerade einfach, den Pumpenschwengel so zu betätigen, daß auch Wasser herausfloß. Doch innerhalb kurzer Zeit lernte ich den notwendigen Kniff. Stolz trug ich die vollen Eimer in unser kleines Zuhause.

Doch ganz gleich, ob reich oder arm, überall lagen die Toiletten außerhalb des Hauses. Auf dem Örtchen fiel die Notdurft durch ein Loch in die darunter befindliche Senkgrube. Ein Bad zu nehmen bedeutete: Wasser herbeischleppen, auf dem Herd erhitzen und dann im Schuppen in die Wanne gießen. Das war nur möglich, wenn die Witterung es zuließ und es nicht zu kalt war. In den letzten Wochen in Köln hatten wir auch auf die in normalen Zeiten gewohnte Hygiene verzichten müssen, doch vieles hier war für uns Stadtmenschen ungewohnt und erschien uns primitiv.

Ein ernstes Problem für uns bedeutete die erforderliche Anmeldung bei den örtlichen Behörden. Die befanden sich in der zentralen Erfassungsstelle in der Kreisstadt Oberpleis. Was würde geschehen, wenn sie dort unsere Unterlagen aus Köln anforderten? Sollte das passieren, würde unsere Geschichte auffliegen. Wir konnten also nur auf unser Glück vertrauen und hoffen, daß das bestehende Chaos nach den Angriffen in Köln Nachforschungen bei den Resten der Verwaltung vereiteln würde. Wir mußten das Risiko eingehen. Wie sollten wir sonst an die für uns so wichtigen Bescheinigungen zum Erhalt der Lebensmittelkarten kommen? Wenn wir keine Lebensmittelkarten vorweisen konnten, würde man mit Sicherheit mißtrauisch werden. In einem kleinen Dorf kennt schließlich jeder den anderen, und der Klatsch blüht und gedeiht.

Also wanderte Papa mit unseren Papieren nach Oberpleis. Dort gab er an, daß er seinen Handwerksbetrieb aufgrund der schweren Angriffe von Köln nach Rauschendorf verlagert habe. Infolge der Kriegsereignisse sei ihm keine Zeit zur ordnungsgemäßen Abmeldung geblieben. Er würde jedoch versuchen, das bei der nächsten sich ihm bietenden Gelegenheit nachzuholen.

Seine Geschichte wurde akzeptiert. Unter der Auflage, seine Bemühung um den fehlenden Nachweis aus Köln fortzusetzen, erhielt er die rettenden Unterlagen. Die konnte er nun dem Bürgermeisteramt in Rauschendorf vorlegen. Der erste Schritt zum Überleben war vollbracht.

Spät, aber glücklich kam er zu uns zurück. Abends vor dem Schlafengehen berieten die Eltern, was zu tun sei. Die Abmeldung aus Köln mußte irgendwie beschafft werden. Obwohl ihm nicht wohl bei dem Gedanken war, mußte Papa wohl oder übel noch einmal nach Köln zurückkehren. Mama weigerte sich vehement, ihn allein fortzulassen. Also gab er schließlich nach. Dilger verschaffte ihnen einen kleinen Laster, in dem dessen Besitzer sie nach Köln fahren sollte. Seine Unterstützung würde den Eltern sicher nützlich sein.

Frühmorgens fuhren sie ab. Ich mußte zurückbleiben und erlebte tatenlos bange Stunden des Wartens auf ihre Rückkehr. Frau Schmitz hatte mich in ihre Obhut genommen und tröstete und beruhigte mich, so gut sie konnte. Zum Glück waren in den letzten Tagen die regelmäßigen Angriffe auf die Stadt abgeflaut. Voller Unrast lief ich immer wieder hinaus und suchte einen Platz mit freier Sicht in Richtung Köln.

Nach vielen Stunden, die mir länger als die Ewigkeit vorkamen, tauchte in der Abenddämmerung der Wagen mit den Eltern wieder auf. Er war vollbeladen mit all den Kisten, die wir im Werkstattkeller hinterlassen hatten. Im Heuschober des Dilgerschen Anwesens fand unsere so gerettete Habe einen, wie wir hofften, sicheren Platz. Als wir abends allein waren, erzählten die Eltern dann von ihren Erlebnissen. Während Mama mit dem Besitzer des Lasters die für uns so wertvolle Ladung bewachte, wagte sich Papa in die Höhle des Löwen, die für uns zuständige Ortsgruppe. Vorsichtig prüfte er die Anwesenden durch die Tür, ob wohl jemand da sei, der ihn erkennen könne. Glücklicherweise waren nur Unbekannte im Raum. Also betrat er mit möglichst unbefangener Miene das Büro und meldete offiziell die aufgrund der stetigen Angriffe erforderliche Auslagerung seines Betriebes an. Im Raum herrschte chaotisches Treiben, und niemand stellte genauere Fragen nach seinem Ziel. Die Bescheinigung wurde ausgefertigt und ihm übergeben. Sobald er sie in Händen hatte, verließ er schnellstens das Büro. Bekanntlich soll man sein Glück nicht unnötig strapazieren.

Daß das Glück wirklich auf unserer Seite war, entdeckte er im Vorraum. Dort hing ein schwarzes Brett mit allerlei Bekanntmachungen und auch Fahndungslisten. Er schaute kurz auf die Aushänge und las in einer Liste gesuchter Personen auch unsere Namen. Geschockt verließ er eilig das Haus, sorgfältig bemüht, nicht aufzufallen. Ganz offensichtlich machte unser Schutzengel Überstunden. Die Probleme bezüglich Anmeldung und Anrecht auf Lebensmittelkarten waren mit diesem Husarenstreich ausgeräumt.

...

Nach und nach gestaltete sich unsere Beziehung zu dem Ehepaar Dilger in zunehmendem Maße problematisch. Er war zwar von seiner Natur her gutmütig und anständig, neigte jedoch zu Prahlerei und Großmannssucht. Leider stand er aber absolut unter der Herrschaft seiner Frau, die nicht nur Haare auf der Oberlippe, sondern auch auf den Zähnen hatte. Sie bestimmte, was zu geschehen hatte, und versäumte keine Gelegenheit, ihrem Mann die Tatsache, daß er in eine reiche Familie eingeheiratet hatte, in Erinnerung zu bringen.

Zu unserem Entsetzen war ihr auf irgendeine Weise unser streng gehütetes und nach der geglückten Anmeldung sicher geglaubtes Geheimnis zur Kenntnis gelangt. Vermutlich war es Dilger nicht gelungen, sein Wissen für sich zu behalten. Sie hätte ein großes Vergnügen darin gefunden, uns zu verraten, wenn ...! Ja, wenn da nicht die Angst gewesen wäre, daß man gleichzeitig auch sie und ihren Mann verhaften und zur Rechenschaft ziehen könnte. Diese Angst bestimmte fortan über unsere Sicherheit.

Als Rache für ihre Machtlosigkeit ließ sie jedesmal, wenn sie mit uns allein war, ihren schon nahezu psychopathischen Haß an Mama und mir aus. Nichts gab es, das wir zu ihrer Zufriedenheit machen konnten. Alles, was wir anfaßten, war falsch, alles, was wir sagten, wurde bösartig zu unseren Ungunsten verdreht. Wenn es allzu schlimm wurde, flüchteten wir uns zu Frau Schmitz, um uns wenigstens etwas zu erholen. Bei ihr fühlten wir uns geborgen. Ohne daß wir etwas sagten, wußte sie gleich, was geschehen war. Das böse Mundwerk der Frau Dilger war im ganzen Dorf bekannt und gefürchtet.

Im Laufe der Wochen gelang es Frau Dilger, auch ihren Mann mit bösartigen Unterstellungen gegen uns aufzubringen. Irgendwann Anfang Dezember waren Mamas Nerven dem Druck nicht mehr gewachsen. Nach einem besonders schlimmen Zusammenstoß bekam sie einen Weinkrampf und lief vom Mittagstisch fort und hinaus auf den Hof. Minuten verstrichen, doch sie kam nicht zurück. Beunruhigt begaben sich die Männer auf die Suche nach ihr. Kurz darauf erschien Papa kreidebleich und hielt sie fest am Arm. Sie hatte versucht, sich das Leben zu nehmen, und er war buchstäblich in letzter Sekunde gekommen, um den Strick, den sie am Dachbalken der Toilette befestigt hatte, abzuschneiden. Vorsichtig versuchte er, sie zu trösten.

Doch das hatte den gegenteiligen Erfolg. Erneut begann der furchtbare Weinkrampf, begleitet von heftigem Zittern. Immer wieder stammelte sie: »Ich bin an allem schuld! Durch mich seid ihr in Gefahr. Ich muß euch von mir befreien!«

Ehe wir uns versahen, riß sie sich los und rannte wie von Dämonen getrieben erneut aus dem Haus und auf die Straße. Kurze Zeit standen wir da wie betäubt. Ich kam zuerst zu mir und rannte ihr nach. Sie war nirgends zu sehen! Irgend etwas sagte mir, wo ich sie finden würde. Wie von Hunden gehetzt, fegte ich zu unserer kleinen Wohnung. Noch nie war ich die enge Treppe so schnell hinaufgerannt. Ich öffnete mit Mühe die durch einen Gegenstand verklemmte Tür. Mama hatte einen erneuten Versuch unternommen. Ohne weiter nachzudenken, wie ein Automat, löste ich zuerst vorsichtig die Schnur von ihrem Hals und dann vom Fensterriegel, an dem sie befestigt war. Welch ein Glück, daß die geringe Höhe der Kammer keine andere Lösung zugelassen hatte! Mit der Schnur rannte ich hinunter in die Küche und warf sie unter dem erst erstaunten und dann zu verstehendem Erschrecken gewandelten Blick unserer Wirtin in das Feuer des Herdes.

Ohne eine Erklärung lief ich wieder nach oben und nahm meine arme Mami ganz fest in meine Arme. Wie konnte man ihr nur so zusetzen, daß sie schließlich keinen anderen Ausweg mehr sah! Allmählich löste sich ihre angsterregende Starre in einer Tränenflut, die sich mit meinen Tränen der Erleichterung mischte. Nach langem Betteln und Drängen nahm ich ihr schließlich das Versprechen ab, so etwas Dummes nie, nie wieder zu versuchen. Mittlerweile war auch Papa, gefolgt von Frau Schmitz, bei uns angekommen. Mit tätiger Hilfe unserer Wirtin gelang es uns, Mama allmählich zu beruhigen. Ganz langsam ließ das schreckliche Zittern nach. Obwohl das Ganze sich innerhalb einer Stunde abgespielt hatte, kam es uns vor, als seien viele Stunden in einem Alptraum vergangen.

Später saßen wir lange zusammen und versprachen uns gegenseitig feierlich, uns niemals aus freiem Willen zu verlassen. Wir waren uns ganz gewiß: Nur gemeinsam besaßen wir die Fähigkeit, zu überleben.

Eine Lösung mußte gefunden werden. Unsere Wirtin gab ihr Einverständnis, daß wir die Dachkammern ganztägig bewohnten. Unsere Bitte überraschte sie nicht sonderlich. Sie hatte die Entwicklung wohl irgendwie vorausgesehen, denn schließlich kannte sie die Bösartigkeit der Frau Dilger schon lange genug. Sie wunderte sich lediglich, daß wir dies alles so lange ertragen hatten. Seit wir bei ihr eingezogen waren, hatte sich zwischen uns eine freundschaftliche Sympathie entwickelt.

Ein wesentliches Problem gab es zwar noch zu lösen: Wie sollten wir an einen Küchenherd kommen? Der kleine Ofen im vorderen Zimmer war dazu ungeeignet. Wie so oft schon, wußte mein praktischer und geschickter Vater Rat. Mit Hilfe von Dilger, der sichtlich unter dem Geschehenen litt und gern Wiedergutmachung leisten wollte, baute er in wenigen Tagen aus starkwandigem Blech und Eisen einen Herd, der mehr als behelfsmäßig war. Selbst die schwierige Auskleidung der Feuerstelle mit Schamottsteinen gelang. Hitzeregler, Feuerringe für verschiedene Kesselgrößen – an alles dachten die kunstfertigen Handwerker. Wie man ein Ofenrohr anfertigte, hatten beide schon in der Lehrzeit gelernt.

Und dann kam der große Tag. Gespannt standen wir alle vor dem Kunstwerk, das nun zum ersten Mal angezündet wurde. Zuerst einmal spie der Herd dichten Qualm aus, als wollte er sich wehren. Mit tränenden Augen öffneten wir das Fenster und schlossen schnell die Tür zum Schlafraum. Dann, nach einigen Handgriffen am Regler, begann das Feuer mit ruhiger Flamme zu brennen und verbreitete rasch wohlige Wärme. Welch ein Jubel! Das unmöglich Erscheinende war, wie so oft schon vorher, möglich geworden. Von nun an besaßen wir wieder einen eigenen Haushalt, auch wenn er noch so klein war. Wir waren nicht mehr vom Wohlwollen der Dilgers abhängig und hofften, daß uns die Angst der Frau Dilger auch weiter vor Verrat schützen würde.

Mama und ich setzten nie wieder einen Fuß in deren Haus. Zu sehr lastete die Erinnerung an die furchtbaren Ereignisse auf uns. Papa allerdings arbeitete weiter in der Werkstatt, und manchmal schlich sich Dilger heimlich auf ein Schwätzchen zu uns. Über das Geschehene verloren wir kein Wort mehr.

...

In den folgenden Wochen normalisierte sich allmählich unser Alltag. Vordringlich galt es, unseren kleinen Haushalt einzurichten. Das Nötigste an Haushaltsgeschirr fanden wir teils im kleinen Allzweckladen des Dorfes, teils versorgte uns unsere Wirtin mit bei ihr überzähligem Gerät. Auch in unseren aus Köln geretteten Kisten wurden wir fündig. Nach und nach besaßen wir wieder einige der kleinen, oft kaum beachteten Dinge, die erst dann Wert erhalten, wenn sie einem fehlen. Mama erholte sich langsam und wurde zunehmend wieder sie selbst. Glücklich, endlich wieder ohne Bevormundung für ihre Familie sorgen zu dürfen, erreichte ihr Gemütszustand von Tag zu Tag mehr sein altes Gleichgewicht. Doch die Unruhe um sie verließ uns nicht. Im Verein mit Frau Schmitz bemühten wir uns, sie möglichst nicht allein zu lassen.

Es wurde höchste Zeit, Vorsorge für die Wintermonate zu treffen. Wie alle Haushalte erhielten auch wir von der Gemeinde eine Holzzuteilung. Unser Anteil belief sich auf einen Festmeter Holz. Tagelang mühte ich mich mit Papa, die meterlangen Holzstämme in Brennholz zu verwandeln. Das bedeutete besonders für mich ungewohnte, schwere Arbeit mit Säge und Beil, und so manche Blase entstand an meinen Händen. Doch schließlich betrachteten wir stolz unser vollendetes Werk. Säuberlich im Schuppen aufgestapelt, versprachen die Scheite wohlige Wärme für die nächsten Monate. Wir hofften, daß der Winter nicht allzu hart werden würde und unser Vorrat ausreichen möge.

Papa half Dilger weiter bei seiner Arbeit, die oft zu Bauernhöfen bis in die Nachbarorte führte. Es fielen ständig irgendwo Reparaturen an Dächern, Fenstern, Wasserleitungen und ähnlichem an. Immer häufiger erfolgte zu unserer Freude die Bezahlung in Naturalien, statt mit Geld, das stetig an Wert verlor. Was sollte man mit Geld kaufen, wenn die Belieferung der Geschäfte mit Waren nur selten und knapp bemessen erfolgte? Bald entstand so ein fester Tarif in Lebensmitteln für bestimmte Arbeiten und Dienstleistungen. So brachte zum Beispiel die Reparatur eines Stalldaches ein Säckchen Kartoffeln, ein Stück Speck und einige Eier ein. Auf einem Hof im Dorf durften wir uns jeden Morgen eine Kanne entrahmte Milch abholen, auf der noch verirrte Sahneflocken schwammen. Zum Glück gab es keinen Mangel an Gemüse. Fast jeder Haushalt im Ort besaß ein mehr oder weniger großes Stück Land, das, wie auch alle Gärten, bis in die letzte Ecke zum Anbau von Kartoffeln und Gemüse genutzt wurde. Wer über den Eigenbedarf hinaus erntete, verkaufte den Überschuß an diejenigen, die kein Land besaßen. Davon konnten auch wir profitieren.

Im Vergleich zu den Verhältnissen in der Stadt führten wir ein zwar nicht üppiges, aber durchaus zufriedenes Leben. Unsere Mahlzeiten waren meist einfach, doch ausreichend. Vor allem fehlte es an Fleisch und Fett. In meiner Phantasie sah ich Brote dick mit Butter bestrichen, so daß man nach dem Abbeißen den Abdruck der Zähne sieht. Die Wirklichkeit war etwas anders. Auf meist hartes Schwarz- oder Kommißbrot strich Mama einen Hauch von Butter, wenn vorhanden, oder Margarine. Darauf kam Rübenkraut oder Ersatzmarmelade, die scheußlich schmeckte. Ganz selten gab es zum Abendessen eine dünne Scheibe Wurst aufs Brot. Das Mittagessen bestand durchweg aus Gemüse und Kartoffeln in vielen Variationen.

Langsam näherte sich das Weihnachtsfest. Dieses Jahr würde es wohl sehr bescheiden und ärmlich ausfallen. Dazu dämpfte der Gedanke an unsere keineswegs gesicherte Lage die sonst übliche Vorfreude. Der erste Schnee fiel und verwandelte die Landschaft in ein Wintermärchen.

Ich machte mich überall, wo man mich brauchen konnte, nützlich. Außerdem erkundete ich das Dorf und seine Umgebung. Da ich nicht zur Schule gehen konnte, fiel es mir schwer, Kontakt zu Gleichaltrigen zu bekommen. Der Ort besaß nur eine Volksschule mit zwei Klassen für alle Jahrgänge. Später sollte man diese Schulen mit der abfälligen Bezeichnung »Zwergschule« belegen, wobei dort sicherlich ein ebenso guter Unterricht wie anderswo stattfand.

Wenn ich mich nicht in der Umgebung herumtrieb, saß ich gern und oft in der Küche unserer Wirtin. Auch Mama bevorzugte ihre Gesellschaft und half bei der Hausarbeit. Das war ihre Art, »Danke« zu sagen. In den vergangenen Wochen hatte Frau Schmitz Körbe voll alter Strümpfe und abgetragener Kleidung bei den Nachbarn gesammelt. Nun durfte ich erleben, wie sie daraus Puppen anfertigte, die seit langer Zeit im Dorf als Weihnachtsgeschenk sehr geschätzt und gern gekauft wurden. Mit großen Augen sah ich kleine und große Puppen entstehen. Soweit es meine geringen Fähigkeiten zuließen, half ich bei der Anfertigung. In jedem Exemplar steckte viel Arbeit, und keines sah aus wie das andere.

Aus den Strümpfen entstanden Bälge, Köpfe und die übrigen Gliedmaßen. Diese wurden mit einem Gemisch aus kleinen Stoffresten und Watte ausgestopft und in Form gebracht. Aus Wollresten entstanden verschiedenfarbige Perücken. Aus passenden Stoffen wurden Kleidchen, Anzüge und für die kleinen Püppchen Strampelanzüge genäht. Zuletzt malte Frau Schmitz die Gesichter auf die Köpfe. Allerliebst sahen die fertigen Puppen aus, und sie konnten nicht so schnell angefertigt werden, wie sie Käufer fanden. »Die Puppenmutter« wurde Frau Schmitz auch genannt, und Jahr für Jahr entstanden vor Weihnachten ihre zum Verlieben schönen Arbeiten. Mit dem Erlös besserte sie ihre nicht gerade üppigen Einkünfte auf. Oh, nur zu gern hätte auch ich so ein Püppchen gehabt! Doch dazu war ich wohl schon zu groß.

Während dieser Arbeiten entstand eine richtige Vorweihnachtsstimmung. Seitlich auf dem Herd brutzelten Bratäpfel und füllten die Küche mit verlockenden Düften. Ab und zu sangen wir leise ein Weihnachtslied. Ein anderes Mal wurden Plätzchen und Makronen aus Haferflocken gebacken. Mir wurde dabei oft schwer ums Herz, denn ich dachte an unser früheres Zuhause, das die Bomben vernichtet hatten. Mama fühlte bestimmt ähnlich, doch sie ließ sich nichts anmerken.

Ich zerbrach mir den Kopf, womit ich den Eltern zu Weihnachten eine Freude machen könnte. Die Auswahl war mehr als gering. Abgesehen davon, daß ich kaum Geld besaß, gab es so gut wie nichts zu kaufen, das als Geschenk geeignet erschien. Irgendwann lieh mir unsere Wirtin ein großes, altes

Buch mit Geschichten und Schwänken aus dem alten Köln. Wie ich so darin las, kam mir ein Gedanke. Im Kramladen kaufte ich für ein paar Pfennige ein einfaches Schulheft. Darin übertrug ich mit meiner schönsten Schrift einige besonders schöne Geschichten und Gedichte aus dem Buch. So gut es mein ungeschultes Können zuließ, malte ich dazu passende Illustrationen. Ein Kunstwerk wurde es sicher nicht, doch an erster Stelle zählte die gute Absicht, den Eltern zu Weihnachten eine kleine Freude zu bereiten. Daß sie dies erkennen und über die Mängel hinwegsehen würden, war ich mir so gut wie sicher.

...

Eine Bekanntmachung des Bürgermeisteramtes informierte die Dorfbewohner ungefähr eine Woche vor Weihnachten, daß im Forstgebiet von Birlinghoven Christbäume bereitgehalten würden. Es war lediglich notwendig, sich um Auswahl und Transport zu kümmern. Papa und ich beschlossen, Mama mit einem Bäumchen zu überraschen. Inzwischen lag der Schnee schon so hoch, daß der Weg sicher Mühe bereiten würde. Also vertrauten wir uns Frau Schmitz an, die uns einen Schlitten für den Transport lieh. Dafür sollten wir auch ihr einen Baum mitbringen. Sie lenkte Mama mit allerlei Dorfklatsch ab, während wir uns unbemerkt auf den Weg machten.

Ungefähr eine halbe Stunde führte der Weg bergab, bis wir zu dem bezeichneten Waldstück kamen. Der Förster erwartete mit seinen Gehilfen die Interessenten. Wir waren bei den ersten und wurden zu einer Schonung geführt, wo die speziell für Weihnachten bestimmten Bäume aufwuchsen. Die Auswahl war groß. Für jeden Geschmack und in jeder Größe standen hier jede Menge Tannenbäume. Wir durften uns unser Wunschexemplar aussuchen, und unsere Wahl fiel auf ein etwa meterhohes, schön gewachsenes Bäumchen und einen etwas größeren, jedoch gleich schönen Baum für unsere Wirtin. Ein Gehilfe nahm seine Axt und schlug die von uns bezeichneten Bäume ab. Die Stammenden spitzte er gleich für den guten Halt im Ständer zu. Zufrieden und stolz luden wir unsere Errungenschaft auf den Schlitten und machten uns auf den Heimweg.

Den mit den beiden Bäumen beladenen Schlitten den Berg hinaufzuziehen, erwies sich als mühsame Arbeit. Der Schnee, der uns bei der Talfahrt begünstigt hatte, war ein arger Bremsklotz. Immer wieder blieben wir in Schneewehen stecken. Mehr als die doppelte Zeit benötigten wir für den Rückweg. Endlich am Ziel, brachten wir mit Hilfe unserer Wirtin die Bäume in den Schuppen. Mama bemerkte uns zwar, doch es entging ihr, daß wir statt einer Tanne für Frau Schmitz deren zwei aufgeladen hatten.

In der Werkstatt bastelte Papa einen Ständer für unser Christbäumchen. Frage: Doch woher sollten wir festlichen Schmuck nehmen? Auf dem Heimweg hatte ich zwar einige Tannenzapfen aufgesammelt, doch das erschien mir allzu ärmlich. Im Kramladen erstand ich ein kleines Päckchen mit grober Watte. Ihre Qualität hatte keine Ähnlichkeit mit der in früheren Zeiten verwendeten Sorte. Ein paar Kerzenstümpfchen erhielt ich von unserer Wirtin. Das nun noch fehlende Lametta bescherten mir die Amerikaner, allerdings ohne es zu wissen. Bei jedem Überflug warfen sie zur Irreführung der Radar-Ortung massenhaft Staniolstreifen ab. Die meisten fielen unerreichbar in die Felder und verschmutzten. Es gelang mir jedoch, einige aufzusammeln, bevor Schnee und Nässe sie für mein Vorhaben unbrauchbar machten. Es war eine knifflige Arbeit, die Metallstreifen von dem als Gewicht aufgeklebten Papier zu trennen. Viele zerrissen unter meinen ungeduldigen Fingern. Ein kleiner Teil jedoch blieb unversehrt. Die Streifen besaßen genau die richtige Länge, um als Lametta die Nadelzweige zu schmücken. So geschah es, daß Abfälle des Krieges einem nicht vorgesehenen friedlichen Zweck zugeführt wurden.

Weihnachten kam, und alle taten geheimnisvoll. Mama half Frau Schmitz, ihren Baum zu schmücken. Währenddessen schmuggelte ich mit Papa unser Bäumchen nach oben. Mein mühsam gesammelter Schmuck wurde seiner Bestimmung zugeführt, und siehe da, es entstand ein richtiger Christbaum, der fast so wie früher aussah. Über unserer Arbeit war es dunkel geworden, und der Abend war hereingebrochen.

Wir gingen nach unten, um Frau Schmitz ein frohes Weihnachtsfest zu wünschen und Mama nach oben zu holen. Unsere gute Fee schenkte uns einen Teller voll mit Selbstgebackenem. Es bedrückte uns, daß wir so gar nichts besaßen, um ihr auch eine Freude zu bereiten. Also bedankten wir uns und hofften, daß es uns irgendwann möglich sein werde, all die erhaltenen Freundlichkeiten zu vergelten. Dann gingen wir zusammen nach oben in unser kleines Reich. Papa eilte voraus, während ich auf der Treppe trödelnd Zeit herausholte. Papa sollte die Möglichkeit haben, die Kerzen anzuzünden. Als wir schließlich die Tür öffneten, war der Raum bis auf die am Baum funkelnden Kerzenreste dunkel und erhielt so ein geheimnisvolles Licht. Unsere Überraschung war geglückt, und obwohl es der ärmlichste Christbaum war, den ich je erlebt hatte, verkörperte er das Versprechen der Hoffnung auf bessere und von Angst befreite Zeiten.

Mama war sehr gerührt. Sie sagte: »Ihr seid doch wirklich eine ganz heimtückische Bande! Wieso habe ich von alldem überhaupt nichts bemerkt?«

Und Papa erwiderte: »Nun, alles mußt du ja nicht wissen. Ab und zu ist es uns wohl erlaubt, dich zu überraschen. Frohe Weihnachten!« Damit gab er ihr einen liebevollen Kuß. Dann umarmten wir uns alle, und bei jedem machten sich ein paar Tränen selbständig. – Danach holte ich mein gebasteltes Geschenk. Sie wirkten sehr gerührt und erklärten, daß sie noch nie so etwas Schönes von mir erhalten hätten. Es klang überzeugend, und so glaubte ich ihnen.

Und nun zauberte Mama ein Festessen auf den Tisch. Wochenlang hatte sie Fleischmarken gespart, und die reichten nun für einen zwar nicht allzu großen, dafür aber um so schmackhafteren Braten. Sie hatte ihn heimlich bei unserer Wirtin zubereitet. So also hatte sich jeder von uns eine Überraschung ausgedacht und sie mit Erfolg geheimgehalten.

Es wurde ein besinnliches Weihnachtsfest, das in keiner Weise den Festen früherer Jahre glich. Über die vom Schnee überzuckerte Landschaft läuteten die Kirchenglocken von Stieldorf. Rauschendorf besaß zu der Zeit nur eine kleine Kapelle. So zogen die Dorfbewohner zur Christmette ins Nachbardorf. Es war kalt, und wir hörten den Schnee unter den Füßen der Vorbeigehenden knirschen. An unseren Fenstern bildeten sich Eisblumen in bizarren Formen. Für ausreichende Wärme im Zimmer sorgte unser Herd mit knisternden Holzscheiten.

Im Haus herrschte Ruhe, und die Landschaft wirkte so friedlich, daß der Krieg und seine Schrecken für kurze Stunden in weite Ferne rückten. Trotz aller Gefahren waren wir bis jetzt gesund und beisammen geblieben. Mama schien den schrecklichen Tag, als ihre Nerven den Dienst verweigert hatten, aus dem Gedächtnis verbannt zu haben. Und von uns rührte niemand an das Vergangene. Zwar durften wir uns noch lange Zeit nicht in Sicherheit wiegen, aber die Hoffnung auf ein gutes Ende für uns wuchs mit dem Verstreichen der Zeit.

Das neue Jahr begann mit einem kleinen Feuerwerk. Seit Tagen war kein feindliches Flugzeug mehr gesichtet worden. Alle im Dorf standen um Mitternacht auf der Straße und bewunderten die knatternden und magisches Licht verbreitenden Raketen. Würde das Jahr 1945 endlich Frieden bringen? Aus dem Radio wußten wir, daß die Amerikaner nicht mehr weit waren. Würden wir die Zeit bis zu ihrem Einzug gesund und vereint überstehen? So viele unbeantwortbare Fragen und bohrende Ängste!

...

Der Januar brachte viel Schnee und klirrende Kälte. In unserem kleinen Schlafraum überzog eine Eisschicht die schrägen Wände, denn das Mauerwerk barg viel Feuchtigkeit. »Unsere Tropfsteinhöhle« nannten wir daher das Zimmer. Die Betten fühlten sich stets klamm an und es dauerte abends geraume Zeit, bis wir unter unserem Bettzeug richtig warm wurden. Gewiß wurde da der Grundstein zu rheumatischen Beschwerden in späteren Jahren gelegt.

Grundnahrungsmittel wurden in zunehmendem Maße rar. Ohne die in Naturalien bezahlten Dienstleistungen bei den Bauern hätten wir den Winter nur schwer überstanden. Unsere Gedanken drehten sich meist um Eßbares und um seine Beschaffung, selbst unsere stets gegenwärtige Angst vor Enttarnung trat davor zurück. Zu der Zeit erreichte uns ein Hinweis, daß der Lebensmittelladen in Birlinghoven noch gut mit Hülsenfrüchten versorgt sei. Bewaffnet mit all unseren Lebensmittelmarken rodelte ich mit dem Schlitten bergab. Das Gerücht bewahrheitete sich, und ich konnte alle Marken gegen Erbsen und Linsen eintauschen. Überglücklich machte ich mich auf den mühevollen Weg den Berg hinauf und brachte meine nahrhaften Schätze heim.

Ein anderes Mal kursierte die Nachricht, daß die Bäckerei in Stieldorf Weißbrot verkaufe. Das Mehl dazu stammte aus Wehrmachtsbeständen und einem Tauschgeschäft mit abziehenden Soldaten. Also rodelte ich nun den Berg auf der anderen Seite hinunter. Unterwegs jagten mich Tiefflieger in den dürftigen Schutz des Straßengrabens. Sie überflogen die

Gegend und schossen auf alles, was sich bewegte. Endlich zogen sie ab, und ich konnte meinen Weg fortsetzen. Vor der Bäckerei warteten schon viele Menschen. Etwas mutlos stellte ich mich hinten an. Sicher war das Brot schon ausverkauft, wenn ich an die Reihe kam! Langsam rückte die Schlange vor. Die Tür zum Laden kam immer näher, und endlich stand ich drinnen. Die Regale hatten sich schon erheblich gelichtet. Doch das Glück war auf meiner Seite, und ich nahm ein knusprig gebackenes, noch warmes Weißbrot in Empfang. Es duftete verführerisch, und ich konnte kaum erwarten, damit nach Hause zu kommen. Wie lange war es her, daß wir Weißbrot gesehen, geschweige denn gegessen hatten? So schnell ich konnte, kehrte ich mit meinem Schatz zurück nach Rauschendorf. Für lange Zeit blieb dies eine einmalige Gelegenheit.

Immer häufiger erschienen die Jagdbomber, und es wurde gefährlich, ungeschützte Wege zu benutzen. Bei Westwind hörten wir in der Ferne das dumpfe Grollen der Artillerie. Es hatte viel Ähnlichkeit mit einem fernen Gewitter. Solange ich denken konnte, hatte ich mich vor Gewittern gefürchtet. Als kleines Kind hatte ich dann immer im Bett der Eltern Schutz gesucht. Erst wenn auch das fernste Wetterleuchten aufgehört hatte, war ich zur Rückkehr in mein eigenes Bett zu bewegen gewesen. Und nun hätte ich viel dafür gegeben, wenn es sich diesmal auch nur um ein Naturschauspiel gehandelt hätte. Die Erinnerung an die schlimmen Stunden des hilflosen Ausgeliefertsein im Luftschutzkeller während der schweren Bombardements in Köln blieb unauslöschbar. Nun nahte uns wieder ein Stahlgewitter und war von Tag zu Tag deutlicher zu vernehmen.

Unsere Gefühle waren zwiespältig. Einerseits konnten wir kaum den Augenblick erwarten, an dem der Einzug der Alliierten uns von unserer stets gegenwärtigen Angst befreien würde, kurz vor dem Ende doch noch von der Gestapo entdeckt zu werden. Andererseits teilten wir zusammen mit der Dorfgemeinschaft die allgemeine Sorge und Furcht, ob wir den Einmarsch unbeschadet überstehen würden.

Ende Januar rekrutierte man alle im Dorf noch vorhandenen Männer und Jugendlichen zwischen fünfzehn und siebzig Jahren zum Volkssturm, der neu aufgestellt wurde. Auch Papa war davon betroffen. Die allgemeine Begeisterung und Bereitwilligkeit hielt sich sehr in Grenzen. Kaum jemand war bereit, sich so kurz vor dem zumindest für unsere Gegend absehbaren Ende der Kriegshandlungen mit unzureichenden Mitteln gegen die Übermacht der anrückenden Gegner zu stellen. Mit Ausnahme einiger auch jetzt noch fanatischer Anhänger Hitlers bestand kaum Lust am Kriegsspiel. Dessen ungeachtet kam eine Weigerung nicht in Frage. Die beamteten Ausbilder, durchwegs SS-Angehörige, zeigten keine Skrupel, Wehrunwillige als Verräter zur Todesstrafe zu verurteilen. So versammelte sich also ein bunter Haufen als letztes Aufgebot und übte vor allem Marschieren in Reih und Glied und die Handhabung der Panzerfaust. Jeder mit einiger Vernunft Begabte wußte genau, daß dies alles auf kollektiven Selbstmord hinauslief. Doch gewitzte Bauern geben sich nicht so leicht geschlagen. Irgendeinen Ausweg würde man zur rechten Zeit schon finden.

Papa bestimmte man sogar dazu, eine Gruppe des Volkssturms anzuführen. Zum Zeichen seines Ranges erhielt er einen Wettermantel aus Plastikmaterial. Bei feuchtem Wetter bot der immerhin etwas Schutz. Nach drei Wochen Übung sollten die echten Panzerfäuste verteilt werden. Es schien unmöglich, der unmenschlichen Maschinerie zu entkommen.

Da griff wieder einmal das Schicksal ein. Papa verschleppte eine anfangs unbedeutende Verletzung am rechten Arm und bekam eine schwere Blutvergiftung. Die zur Heilung erforderlichen Medikamente fehlten. So verschlechterte sich sein Zustand, und einige Zeit bestand akute Lebensgefahr. Nur ganz allmählich gesundete er dank seiner guten Konstitution. Darüber verstrich der Februar. Er verpaßte die

Ausgabe der Waffen und verlor den Anschluß an den Ausbildungsstand seiner Gefährten. Wieder einmal verwandelte sich anfängliches Unglück in sein Gegenteil für uns alle. Unser Schutzengel hielt weiter Wache und beschützte uns.

...

Inzwischen verschärfte sich die Gefahr aus der Luft. Tiefflieger nahmen immer häufiger die Gegend aufs Korn. Traten wir ins Freie, dann suchten wir zuerst gründlich den Himmel ab. Wie durch ein Wunder war bisher niemand zu Schaden gekommen.

Anfang März überflogen unzählige schwere Bomber in großer Höhe unser Gebiet. Es war ein klarer Tag mit ausgezeichneter Fernsicht, und wir verfolgten mit den Augen ihren Flugweg. Ihre Richtung zeigte geradewegs auf Köln. Unablässig zog ein Schwarm nach dem anderen über uns hinweg. Es war ein schreckenerregendes und doch auch faszinierendes Schauspiel. Über Köln zogen sie eine Schleife, und dann sahen wir die Bomben fallen. Wie Perlenschnüre lösten sie sich von den abdrehenden Maschinen. Sollte die bereits zerstörte Stadt nun endgültig ausgelöscht werden? Wie an der Stelle festgebannt verfolgten wir den Angriff, bis unsere Tränen die Sicht trübten.

Unbeirrt strahlte die Sonne vom blaßblauen Frühlingshimmel. Nach Beendigung des Angriffs lief ich zu meinem Aussichtspunkt auf der Autobahnbrücke. Dichte Rauchwolken stiegen über Köln auf. Doch wie ein Zeichen des Trostes winkten die Domtürme zu mir herüber. Dem Bombenhagel zum Trotz stand unser Dom scheinbar unversehrt an seinem Platz. Unzählige Wunden hatten es nicht geschafft, ihn zum Einsturz zu bringen.

Wenige Tage später kapitulierte das linksrheinische Köln.

Fanatisierte Verteidiger zerstörten den letzten intakten Rest der Rheinbrücken und verschanzten sich im rechtsrheinischen Stadtteil. Der Vormarsch der Alliierten stockte kurz, doch etwa eine Woche später brach der letzte Widerstand. Etwa gleichzeitig näherte sich auch uns die Front. Der Rhein wurde überschritten, und im Siebengebirge kämpften die Reste der deutschen Truppen. Bei günstigem Wind konnten wir das Maschinengewehrfeuer bis zu uns hören.

Eines Abends, es mochte wohl Mitte März gewesen sein, schreckten wir beim Abendessen hoch. Ein zischendes, über uns hinwegziehendes Pfeifen endete in einer starken Detonation. Was war das? Der Blick aus dem Fenster bot das gewohnte Bild. Wir beruhigten uns wieder, und ich ging zu der nahe gelegenen Wirtschaft, eine Kanne Bier zum Abendbrot zu holen. Wieder pfiff es über mir durch die Luft, um dann in Richtung Autobahn zu detonieren. Die Leute am Tresen der Gaststätte diskutierten erregt über das mutmaßliche Ziel des Beschusses. Es war also Tatsache: Unser Dorf lag auf dem Weg des Artilleriefeuers. Schnell lief ich mit meinem Einkauf und den Neuigkeiten zurück zu meinen besorgten Eltern.

Im Laufe des Abends verkürzten sich die Pausen zwischen den einzelnen Schüssen. Unser Domizil besaß keinen schußsicheren Keller. So suchten wir im gegenüberliegenden Nachbarhaus Schutz für die Nacht. Es handelte sich um ein massives, aus Granitsteinen erbautes Haus mit einem ebenso festgefügten Kellergewölbe. Außer uns und unserer Wirtin Frau Schmitz fanden sich noch weitere Nachbarn schutzsuchend vor den immer häufiger über uns hinwegpfeifenden Granaten dort ein. Es folgte eine unbequeme Nacht auf den provisorischen Sitzgelegenheiten. Die Eltern und ich hatten ja schon einige praktische Erfahrung darin, doch für die Dorfbewohner war die unmittelbare Bedrohung eine ungewohnte Situation.

Bisher war noch niemand zu Schaden gekommen. Der Beschuß galt offensichtlich den außerhalb des Ortes liegenden Flak- und Scheinwerferstellungen.

Mit vereinten Kräften wurde am nächsten Tag unser Unterschlupf in einen funktionsfähigen Schutzraum verwandelt. Unter fachkundiger Leitung eines Tischlers entstanden an den Längswänden Etagenbetten. Nachdem Wasser, Notvorräte, eine Kochgelegenheit sowie Tisch und einige Stühle untergebracht waren, blieb nicht mehr viel freier Raum übrig. Auf einer Seite standen die Betten nicht direkt an der Wand. Durch eine Bretterwand gleich hinter den Betten war ein etwa einen halben Meter breiter Zwischenraum entstanden, der nur von der hintersten Querwand aus erreichbar war. Er war für einen bestimmten und sehr wichtigen Zweck vorgesehen.

Der Beschuß dauerte an. Tagsüber gingen wir soweit wie möglich unseren gewohnten Beschäftigungen nach. Abends jedoch zogen wir mit Decken und Kissen bewaffnet in den Schutzraum, um dort in relativer Sicherheit die Nacht zu verbringen. Das immer näher kommende Maschinengewehrfeuer kündigte das Herannahen der Front an.

Nun wurde der Volkssturm zur Verteidigung aufgerufen. Doch wie durch Zauberei verschwanden immer mehr seiner Mitglieder von der Bildfläche und wurden unauffindbar. Über das ganze Dorf verteilt waren geheime Verstecke entstanden, die nun ihren Zweck erfüllten. Auch die doppelte Wand in unserem Keller sollte so genutzt werden. Sobald Militärpolizei von ferne gesichtet wurde, verschwanden unsere für den Volkssturm rekrutierten Nachbarn hinter der Wand. Auch Papa gesellte sich zu ihnen. Erst wenn die Luft wieder rein war, kamen sie wieder zum Vorschein. Ständig stand ein Wachtposten oberhalb der Kellertreppe und achtete darauf, daß uns kein Unerwünschter überraschte. Zweimal kamen die Häscher in den Keller und prüften jeden Winkel. Doch das Versteck blieb unentdeckt. Schließlich wurde die Suche eingestellt, denn die Amerikaner befanden sich bereits in Stieldorf. Mit den eher kläglichen Resten des Volkssturms zog die Wehrmacht ostwärts. Niemand von ihnen kam je wieder in seine Heimat zurück. Sie gerieten in der Gegend von Gummersbach in einen Kessel und wurden vollständig aufgerieben. Da war es doch besser, für kurze Zeit in den Augen weniger Menschen als Feigling zu gelten, als für immer im Heldengrab zu liegen.

...

Bereits vierzehn Tage dauerte die ständige Bedrohung durch den Artilleriebeschuß an. Kurz nachdem die Hauptmacht der deutschen Soldaten den Ort verlassen hatte, verstärkte sich das Bombardement. Immer noch flogen die Granaten über das Dorf hinweg, das bisher kaum Schäden aufzuweisen hatte. Doch an diesem Abend traf ein vermutlich zu kurz gezielter Schuß ein Haus im unteren Ortsteil und zerstörte es vollständig. Im Keller des einfachen Fachwerkbaus starb die gesamte Familie, die etwa acht bis zehn Personen zählte. Lediglich ein Sohn überlebte, der sich an der Ostfront befand. Nach langer Kriegsgefangenschaft Jahre später zurückkehrend, fand er niemanden aus seiner Familie mehr vor.

Am folgenden Abend traf ein Granatsplitter einige Häuser neben uns eine meiner Spielkameradinnen so unglücklich, daß sie innerhalb kurzer Zeit verblutete. Ihre Mutter kam laut schreiend und nach einem Arzt rufend zu uns in den Keller gerannt. Leider kam jede Hilfe zu spät. Die unglückliche Mutter war unfähig, das Geschehene zu begreifen und ließ sich nicht beruhigen. Buchstäblich der letzte auf das Dorf abgefeuerte Schuß hatte ihre Tochter im Alter von fünfzehn Jahren aus dem Leben gerissen.

In der Nacht herrschte zum ersten Mal nach langer Zeit Stille, bis uns am nächsten Morgen ein Rattern und Rasseln von schweren Fahrzeugen weckte. Wir waren erst spät zur Ruhe gekommen und entsprechend schlaftrunken. Jemand wagte einen Blick ins Freie und sah große Panzer die Straße herauffahren. Da sie in unsere Richtung fuhren, waren die Hoheitszeichen nicht zu erkennen. Waren es noch Deutsche oder schon Amerikaner? Die Frage sollte uns bald beantwortet werden. Ein junger Soldat in fremder Uniform kam, gefolgt von einem Gefährten, mit vorgehaltener Pistole in den Keller. Einigermaßen verängstigt starrten wir die beiden an. Sie bedeuteten uns mit unmißverständlichen Gesten, uns nicht zu rühren. Dann untersuchten sie den Raum nach versteckten Waffen und Soldaten. Nach ergebnisloser Suche gingen sie schließlich wieder, jedoch nicht ohne uns zu bedeuten, daß wir vorerst hier unten bleiben sollten. Sie hatten ganz offenbar mehr Angst vor uns als wir vor ihnen.

Der Vormittag verstrich, und bei uns stellte sich Durst ein, denn unser Wasservorrat war schon längst verbraucht. Man hielt Rat, wer wohl den Weg nach oben wagen könne. Schließlich einigte man sich, daß wohl ein Kind weniger in Gefahr sei. Nun ging es um das Problem der Verständigung. In der Schule hatte ich bereits einige Jahre Englisch gelernt. Ich versuchte, mich an die notwendigen Vokabeln zu erinnern. Die sagte ich mir innerlich mehrmals vor. Hoffentlich reichten sie zur Verständigung mit den Wachtposten aus. Es sollte die erste praktische Anwendung der im Unterricht erlernten Sprache werden. Einen Eimer ergreifend ging ich, innerlich vor Aufregung schlotternd, die Kellertreppe hinauf. Oben stand ein Soldat, der mich streng ansah, jedoch ganz freundliche Augen hatte.

Mir einen Stoß gebend stotterte ich in meinem besten Schulenglisch: »B…b…bitte, darf ich Wasser holen?« »Wohin willst du?« Hurra, er hatte mich verstanden! »Dorthin«, sagte ich und zeigte in Richtung Pumpe. »Gut, du darfst gehen.« Schnell lief ich die Straße hinunter zur Pumpe. Während ich den Eimer füllte, sah ich etwas so Skurriles, daß ich meinen Augen kaum traute und fast vergaß, mit Pumpen aufzuhören. Immer noch rasselten Panzer die Straße entlang.

In der Mitte der Kreuzung stand Papas Kollege Dilger und spielte Verkehrspolizist. Und alle Fahrzeuge folgten tatsächlich seinen fuchtelnden Armen und fuhren vorsichtig um ihn herum. Der war doch wahrhaftig ein Original und ein Hans Dampf in allen Gassen.

Mit gefülltem Eimer kehrte ich in unseren Keller zurück und erzählte, was ich gerade erlebt hatte. Herzliches Gelächter folgte meiner Schilderung. In diesem Lachen entlud sich die Erleichterung, alles heil überstanden zu haben. Vor allem Mama konnte sich nicht beruhigen. Sie lachte und lachte und fand kein Ende. Schließlich mündete ihr Lachkrampf in einen Tränenstrom. Der spülte die ganze Angst und Sorge der vergangenen Monate hinweg.

Nach einigen Stunden waren die Soldaten wohl überzeugt, daß ihnen von uns keine Gefahr drohte. Sie erlaubten uns, den Keller zu verlassen und zurück in unsere Wohnungen zu gehen, die sie inzwischen durchsucht hatten. Mit viel Neugier betrachteten wir Kinder das Treiben um uns herum. Schnell fanden wir heraus, daß die Amerikaner keinem Kinderblick widerstehen konnten. Sie verteilten an uns kleine Schokoladenriegel aus ihren Rationen. Wann hatte ich zuletzt Schokolade gegessen? Ich lief zu meinen Eltern, die sich bereits auf dem Weg in unsere Wohnung befanden. Stolz zeigte ich ihnen und Frau Schmitz meine köstliche Errungenschaft.

Am nächsten Tag verließen die Soldaten der kämpfenden Truppe das Dorf in Richtung Osten. Die ihnen nachfolgenden Garnisontruppen unterschieden sich erheblich von ihren Vorgängern. Sie zeigten erstaunliche Kenntnisse über die Hierarchie des Ortes. Zielsicher besetzten sie die Gebäude der Verwaltung und die weitgehend von ihren Funktionären verlassene Parteizentrale. Rücksichtslos und ungeachtet des Wertes warfen sie das Mobiliar durch die Fenster auf die Straße, wo es zerschellte. Nach einigem Zögern und vorsichtigen Blicken auf die Besetzer sammelten die Dorfbewohner die heizbaren Möbelreste auf. So gut getrocknetes Holz war eine Rarität und würde manchen Ofen mit Feuer versorgen. Auch ich beteiligte mich fleißig an der Aktion, denn Kohle war Mangelware, und unsere Holzvorräte neigten sich dem Ende zu.

Nur einmal zögerte ich. Ein zertrümmertes Klavier lag vor meinen Füßen und bleckte mir seine weißen und schwarzen Tasten wie Zähne entgegen. Ich dachte an mein verbranntes Klavier und kam mir einige Momente fast wie ein Leichenfledderer vor. Doch die sentimentale Anwandlung ging vorüber, und ich sammelte die lose herumliegenden Holzfragmente und auch die Klaviertasten ein. Soviel, wie ich tragen konnte, brachte ich nach Hause. Im Augenblick bedeutete ein brennendes Feuer im Ofen mehr als alle Kunst der Welt.

Es war für uns unbegreiflich, was die Amerikaner so alles fortwarfen. Halbe Weißbrote, Wurstenden, Käse, mengenweise landeten sie im Abfall. Einige Dorfbewohner scheuten sich nicht, die Mülltonnen nach eßbaren Resten zu durchwühlen und verschafften so den sie beobachtenden Soldaten offensichtliche Belustigung. Nein, so weit waren wir noch nicht heruntergekommen und wollten so etwas nicht tun. Ganz gleich, ob die Gier nach den lange vermißten Delikatessen uns plagte. Stolperten wir allerdings zufällig über verschlossene Rationsbüchsen, trugen wir sie im Triumph nach Hause. Doch solch ein kostbarer Fund gelang uns nur selten.

...

Eine traurige Pflicht erwartete die Dorfgemeinschaft an einem der folgenden Tage nach dem Einzug der Alliierten. Meine in letzter Stunde getötete Spielkameradin wurde zu Grabe getragen. Der Friedhof befand sich auf halber Wegstrecke zwischen Rauschendorf und Stieldorf. Sechs Männer trugen den mit Blumen übersäten Sarg. Ihm folgten die Angehörigen und dann in endloser Prozession die Dorfbewohner. An der Seite unserer Wirtin ging ich mitten unter ihnen.

Der katholische Glaube war mir fremd, doch meine Trauer um die Tote überwog meine Zurückhaltung gegenüber den mir unbekannten Riten. Die Zeremonie am Grab dauerte sehr lange. Im Wechsel mit dem Priester psalmodierte die Trauergemeinde lange, nicht enden wollende Fürbitten und Gebete. Sie rauschten an meinen Ohren vorbei. Als dann der Sarg in der Erde versank, wurde mir endgültig klar, daß ich Elisabeth, so hieß sie, nie wieder sehen würde. Es war ein strahlender Frühlingstag. Die ringsum erwachende Natur verdrängte den Gedanken an den Tod. Ob es wohl wirklich ein Leben danach gab? Wenn ja, dann sollte es unbedingt diesem Sonnentag gleichen.

Einige Tage später feierten wir das Osterfest. Zwar gab es keine Süßigkeiten und auch kein Festessen, doch zum ersten Mal seit vielen Jahren konnten wir ohne Angst leben. Unsere Gedanken flogen nach Köln. Wie mochte es dort aussehen? Noch versperrten die Kriegsereignisse den Weg dorthin. Wir Kölner sind eigenartige Menschen. Selbst aus dem Schlaraffenland würde uns die Sehnsucht nach unserer Heimatstadt forttreiben. So warteten wir ungeduldig auf die erste Gelegenheit, unseren Weg in Richtung Köln zu nehmen.

Inzwischen machte ich mich, wo immer es möglich war, nützlich. Ich half unserer Wirtin im Garten und Mama im Haus. Oft streifte ich aber auch mit Altersgenossen durch die Umgebung. Endlich mußten wir nicht mehr auf herankommende Tiefflieger achten. Die Böschung zur Autobahn wurde unser bevorzugter Aufenthaltsort. Viel war nicht zu sehen, denn außer Wagen der Armee gab es keinen Verkehr. Von unserem Standpunkt aus konnten wir beobachten, ob es vielleicht irgendwo etwas Brauchbares zu ergattern gab. Einmal hielt ein Lastwagen mit Soldaten gleich unterhalb unseres Lagerplatzes. Sie stiegen aus und packten ihre Verpflegung aus großen Kartons aus, um ihr Mahl einzunehmen. Gierig sahen wir ihnen zu, doch trotz ihrer auffordernden Rufe trauten wir uns nicht zu ihnen hinunter. Bei dieser Gelegenheit erblickte ich auch den ersten Neger in natura. Schließlich stiegen die Soldaten wieder auf den Wagen, nachdem sie ihre Abfälle an den Rand der Straße geworfen hatten. Kaum waren sie außer Sicht, durchstöberten wir ihre Hinterlassenschaft. Offensichtlich mit Absicht hatten sie eine Menge kleiner Verpflegungsbüchsen und gut verpackter Schokoladenriegel zurückgelassen. Die eingesammelten Schätze teilten wir unter uns auf. Noch heute erinnere ich mich an den Inhalt einer Büchse. Sie enthielt Schinken mit Ei, und den Geschmack habe ich nie vergessen.

Das Frühjahr brachte gutes Wachstum auf den Feldern, jedoch auch die größte Kartoffelkäferplage, die jemals bekannt war. Wir wurden von den Amerikanern dazu verpflichtet, die Felder von den Schädlingen zu säubern. Tag für Tag füllten wir Einmachgläser mit den zur Vernichtung bestimmten Käfern. Unsere Ausbeute konnte sich sehen lassen. Schließlich war die Plage weitgehend eingedämmt. Für ein volles Glas mit Kartoffelkäfern und ihren Eiablagen erhielten wir fünf Mark, die jedoch nur geringen Wert für uns hatten. In den leeren Läden gab es nichts dafür zu kaufen. Mit den Rückenschmerzen von der Arbeit in gebückter Haltung wuchs mein Respekt vor der Landarbeit.

Einige Tage nach Ostern streifte ich wieder an der Autobahn umher. Vielleicht »verloren« vorbeikommende Soldaten noch einmal Proviantbüchsen. Da näherten sich aus der Frankfurter Richtung langsam fahrende Wagen und Menschen zu Fuß. Sie bewegten sich langsam voran, kamen aber stetig näher. Die meisten trugen grauweiß gestreifte sackartige Kleidungsstücke. Ihre Köpfe waren kahl oder nur mit ganz kurzen Haaren bedeckt. Viele schienen am Ende ihrer

Kräfte zu sein. Auf den sie begleitenden Lastwagen saßen offensichtlich Gehunfähige.

Neugierig lief ich zu den Herankommenden, die sich gerade zu einer Rast ins Gras sinken ließen. Sie blickten mir mit eigenartig leeren Augen, jedoch nicht unfreundlich entgegen. Sie wirkten auf mich, als kämen sie aus einer anderen Welt. Ich wußte noch nicht, wie nahe ich damit der Wahrheit kam.

»Woher kommen Sie, und was ist das für eine eigenartige Kleidung, die Sie tragen?« fragte ich einen von ihnen.

»Wir sind Überlebende des Konzentrationslagers Bergen-Belsen.« Und dann begann er ohne weitere Aufforderung zu erzählen, als ob ich mit meiner Frage eine Schleuse geöffnet hätte.

Nach langer, unerträglicher Haft im Lager waren sie vor zwei Tagen befreit worden. Nur noch ein Bruchteil der Inhaftierten erlebte den Einzug der Befreier. Der Mann berichtete von unglaublichen Greueltaten, die er und viele ihm Nahestehende erduldet hatten. Kurz vor dem absehbaren Ende hatte die Gestapo noch mehr als zwanzigtausend Insassen des Lagers ermordet. Wie durch ein Wunder war es ihm und den restlichen Häftlingen gelungen, zu überleben. An seinen Füßen, die er mir zum Beweis zeigte, fehlten die meisten Zehen. Während sie in bitterer Kälte regungslos stehen mußten, waren sie erfroren und abgefallen. Dessen ungeachtet wanderte er mit seinen Leidensgenossen in die Freiheit. Er sagte, allein schon das Gefühl, in freier Entscheidung Schritt für Schritt die Straße entlanggehen zu dürfen, sei für ihn unbeschreiblich schön. An die Schmerzen sei er gewöhnt.

Zum ersten Mal erfuhr ich von einem Augenzeugen etwas über die Realität der Konzentrationslager. Jahrelang hatte dieses Wort wie ein Damoklesschwert über unserem Leben gehangen. Niemand war je in der Lage gewesen, uns darüber zu berichten. Diejenigen, die verschickt wurden, kamen nie wieder zurück. Manches hatten wir uns in unserer Phantasie vorgestellt, waren aber offenbar von der grausigen Wirklichkeit weit entfernt gewesen. Ein mehr als gütiges Schicksal hatte uns davor bewahrt, diese Schrecken am eigenen Leibe zu erleben.

Nach einer Ruhepause zogen die Überlebenden von Bergen-Belsen weiter. Noch vollkommen benommen von dem Gehörten, lief ich, so schnell ich konnte, nach Hause. Mama und Frau Schmitz saßen bei einer Tasse Ersatzkaffee in der Küche. Blaß und aufgeregt erzählte ich mein Erlebnis. Die Worte stürzten wie ein Wasserfall aus mir heraus. Beide hörten mir aufmerksam und gebannt zu. »Stell dir vor, Mami, wenn uns das auch passiert wäre!« Erst jetzt wurde mir das volle Ausmaß der Gefahr, in der wir geschwebt hatten, richtig bewußt.

Mama sagte zu Frau Schmitz: »Nun kann ich ja ohne Gefahr darüber sprechen. Auch uns hat dieses Schicksal gedroht, denn ich bin als Jüdin geboren.«

Da erwiderte unsere Wirtin etwas ganz Erstaunliches. Sie, die wir immer als ausgesprochen parteitreu gekannt hatten, sagte: »Das ist für mich keine Neuigkeit. Das ganze Dorf wußte von Anfang an über euch Bescheid. Was hat denn eine andere Glaubenszugehörigkeit mit einem Verbrechen zu tun? Von uns allen hätte euch niemand verraten.«

Fassungslos starrten wir sie an. Konnte das stimmen, was wir da gerade gehört hatten? Selbst in unseren optimistischsten Träumen wäre uns das nicht in den Sinn gekommen. Wieder einmal wurde uns von anständigen Menschen bewiesen, daß die Zugehörigkeit zur Partei Hitlers nicht unbedingt eine niedrige Gesinnungsart voraussetzte. So manch einer hatte sich in gutem Glauben und Begeisterung dem Teufel verschrieben. Später ließ purer Pragmatismus die Menschen vieles nach außen hin bejahen, das sie im Innersten längst ablehnten. Doch wichtig war allein, wie sie schließlich handelten. Es gehörte nicht geringer Mut dazu, so zu tun, als sei alles so, wie es sein sollte und gleichzeitig uns durch Stillschweigen zu beschützen. Wäre es durch einen unglücklichen Zufall ans Licht gekommen, hätten viele Menschen unser Schicksal teilen müssen.

Besonders für meinen stets unerschütterlichen Glauben an das Gute in den meisten Menschen war diese Erfahrung außerordentlich wichtig. Mein späteres Verhalten anderen gegenüber wurde weitgehend von diesen Erlebnissen bestimmt.

...

Anfang Mai erfuhren wir von der Fertigstellung eines Rheinübergangs am Fuße des Siebengebirges nach Godesberg und seiner Freigabe für den zivilen Verkehr. Seine Benutzung erforderte einen von der Militärverwaltung ausgestellten Passierschein und den Nachweis einer durchgeführten Entlausung.

Mit Proviant für den Tag versorgt, wanderte ich mit Papa quer durch das Siebengebirge nach Niederdollendorf, wo wir uns an Ort und Stelle informieren wollten. Nahe der Behelfsbrücke befand sich die sogenannte Entlausungsstelle. Die Alliierten, besonders die Amerikaner, waren besessen von ihrer Angst vor Ungeziefer und stellten Hygiene über alles. Ob sie wohl dachten, alle außer ihnen seien verdreckt und mit Ungeziefer behaftet? Welch ein Unsinn!

Ausgestattet mit einem sogenannten Laufzettel verwies man uns an die für uns vorgesehenen Baracken. Hier hieß es wieder einmal anstehen, bis man an der Reihe war. Dann ging alles ganz schnell. Ein Sanitäter mit weißem Kittel über der Uniform sprühte jedem mit einer großen Spritze ein weißes Desinfektionspulver auf den Kopf und unter die Kleidung. Mit dem Nachweisschein über die erfolgte Prozedur durften wir gehen und den Passierschein beantragen.

Draußen säuberten wir uns so gut es möglich war, denn

wir sahen aus wie einem Mehltopf entsprungen. Besonders unangenehm fühlte sich die Kopfhaut an. Als wir uns gegenseitig ansahen, brachen wir erst einmal in Gelächter aus. Nein, sahen wir komisch aus! Dann steckten wir unsere Köpfe unter eine wunderbarerweise funktionierende Wasserleitung und ließen uns dann von der Sonne trocknen. Die begehrten Passierscheine erhielten wir danach anstandslos und ließen sie vorsorglich auf den nächsten Tag ausstellen. Da wollten die Eltern sich auf den Weg nach Köln machen, und die Reiseerlaubnis galt nur für acht Tage.

Da wir nun einmal so weit gewandert waren, beschlossen wir einen Abstecher nach Rhöndorf. Wir wollten nachschauen, ob unsere alte Hauswirtin, Frau Schützendorf, die Kriegsereignisse gut überstanden hatte.

Leider hatten wir unsere Rechnung ohne den Wirt, in diesem Falle ohne die Besatzung gemacht. Am Ortseingang von Rhöndorf begann ein neuer Bezirk, und den konnte man nur mit einem entsprechenden Passierschein betreten. Bitten und Betteln an der Straßensperre half nicht weiter. Die Soldaten blieben unerbittlich, und wir mußten unser Vorhaben aufgeben. Unser Ziel hatten wir von der Sperre aus sehen können. Es befand sich nur ungefähr zwanzig Meter weiter. Einzig, daß das Haus noch stand, wußten wir nun.

Gegen Abend kehrten wir nach Rauschendorf zurück. Die Eltern beschlossen, sich früh am nächsten Morgen auf den Weg zu machen. Ich mußte zurückbleiben, denn die Reiseerlaubnis galt nur für zwei Personen. Solange sie zu sehen waren, schaute ich ihnen nach. Man schrieb den 8. Mai 1945, und die Sieger feierten die Kapitulation Deutschlands.

Selten waren mir acht Tage, die Zeit, die die Eltern fortbleiben durften, so lange vorgekommen. Ihre Rückkehr konnte ich kaum erwarten. In dieser Woche stürzte auf der Straße ein Pferd so schwer, daß man es töten mußte. Das Fleisch wurde an Interessenten verteilt. Der Andrang war groß, denn Fleisch war Mangelware, ganz gleich, von welchem Tier es stammte. Auch ich erhielt ein etwa zwei bis drei Pfund schweres Stück für unseren Haushalt. Noch nie hatte ich Pferdefleisch gegessen oder zubereitet. Man erzählte sich viel Unbewiesenes über seinen Geschmack. Mit tatkräftiger Hilfe von Frau Schmitz legte ich das Fleisch in eine gewürzte Essigbeize. Darin sollte es bis zur Rückkehr der Eltern liegenbleiben. Man sagte, das sei das beste Verfahren, den leicht süßlichen Geschmack zu neutralisieren. Mit einem echten Sauerbraten, einer lange nicht mehr gekosteten Köstlichkeit, wollte ich die Eltern überraschen.

Nach Ablauf der acht Tage kam Papa allein zurück. Meine Freude, ihn zu sehen, hielt sich mit meiner Enttäuschung, daß Mama nicht mit zurückgekehrt war, die Waage. Er erzählte mir, was sie in Köln erlebt hatten. Nach ihrer glücklichen Ankunft in Godesberg wanderten sie die Straße stetig in Richtung Köln entlang. Das Lied unseres Heimatsängers Willi Ostermann »Ich möch zo Fooss noh Kölle jon« wurde eine von ihm wohl kaum erahnte Realität. Bei einer Rast in der Nähe von Wesseling gelang es ihnen, von einem Lastwagen, der das gleiche Ziel hatte, aufgenommen zu werden. Er fuhr sie bis zum Rudolfplatz in Köln, also fast bis nach Hause. So blieb ihnen die restliche Wanderung erspart.

Genau gegenüber unserer zerstörten Wohnung fanden sie eine in halbwegs intaktem Zustand befindliche Unterkunft. Während der Woche in Köln sorgte Papa für die notdürftige Instandsetzung der Fenster und Türen. Einige für ihn nicht zu schwere Habseligkeiten schaffte er aus dem Keller der Werkstatt in die neue Wohnung. Die Werkstatt befand sich noch in dem Zustand, in dem wir sie verlassen hatten. Damit gab es eine reale Basis für unsere Zukunft.

Mama war in Köln geblieben, um sich um die Einrichtung der Wohnung und alle erforderlichen Behördengänge zu kümmern. Da gab es viel für sie zu tun. Vorab mußte sie uns bei der Dienststelle für rassisch Verfolgte registrieren lassen. Damit ebnete sie den Weg für die Anmietung der Wohnung und alles damit Zusammenhängende. Die Vormieterin der Wohnung, eine verschrobene alte Dame, war in den Kriegswirren verschwunden und tauchte auch später nicht mehr auf. Vorrangig war nun das Problem, einen fahrtüchtigen Lastwagen zum Transport unserer geretteten Habe zu finden. Alles andere würde sich von selbst ergeben.

...

So waren wir also zum ersten Mal seit Jahren voneinander getrennt. Jeder von uns, Mama in Köln und wir hier in Rauschendorf, versuchte alles, um die Zeit der Trennung soweit wie möglich abzukürzen.

Das sollte sich als gar nicht so einfach erweisen. Den Sauerbraten verzehrten wir ohne Mama, zu der all unsere Gedanken flogen. Papa schmeckte mein Essen. Wenigstens sagte er es mir, und ich war nur zu gern bereit, ihm Glauben zu schenken. Außer dieser Besonderheit repräsentierte unser Speiseplan nach wie vor eine abwechslungsreiche Eintönigkeit. Nach Wirsing folgte Salat, und nach Möhren gab es Kartoffeln oder Suppe. Das war die Auswahl, die zur Verfügung stand.

Tag für Tag suchten wir in den Dörfern der näheren und weiteren Umgebung nach einem brauchbaren Fahrzeug. Abend für Abend kehrten wir erfolglos und enttäuscht zurück. Sollten wir denn niemals den Weg zurück nach Köln schaffen? Es lag so nah und doch viel zu fern, und es zog uns mit aller Macht dorthin. So vergingen weitere Wochen. Pfingsten verstrich, und es wurde Juni. An den Bäumen reiften die ersten Kirschen, denn das Wetter meinte es gut mit der Landwirtschaft.

Genau einen Monat, nachdem die Eltern sich auf den Weg nach Köln begeben hatten, hielt auf der Straße vor dem Haus ein kleiner Lastwagen. Seine Hupe veranstaltete ein Konzert, das einige Nachbarn aus den Häusern lockte. Wir überlegten gerade, welches Dorf wir noch nicht nach einem Fahrzeug abgesucht hatten und sahen eher beiläufig aus dem Fenster. Doch dann fuhren wir wie elektrisiert hoch. »Mami ist wieder da!« rief ich und jagte nach draußen. Ja, sie war es, und bald lagen wir uns alle in den Armen.

»Ich bin den Leuten von der Fahrbereitschaft in Köln so lange auf die Nerven gefallen, bis sie mir schließlich vor lauter Verzweiflung den Wagen und seinen Fahrer zur Verfügung gestellt haben. Anders wären sie mich sicher nicht losgeworden«, sagte Mama und sah uns strahlend vor Freude an.

In den nächsten Stunden beluden wir mit tatkräftiger Hilfe von Frau Schmitz und später auch von Dilger den Wagen mit unseren Habseligkeiten. Niemand dachte an Essen. Der Abschied von unserer gutherzigen Wirtin fiel uns nun doch schwer. Mit dem Versprechen, mit ihr in Verbindung zu bleiben, fuhren wir schließlich ab. In späterer Zeit wurde es von uns eingelöst.

Endlich, endlich waren wir unterwegs. Eine Nachbarin hatte uns zum Abschied ein Körbchen frisch gepflückter Kirschen, eine andere etliche frisch gelegte Eier gebracht. Die Fahrt verging schnell. Endlich sahen wir vor uns ganz nahe die Domtürme. Es schien mir, als winkten sie zu unserer Heimkehr.

Ein Problem bestand noch. Mama konnte nur zwei Entlausungsscheine vorweisen und hatte daher auch nur zwei Passierscheine erhalten. Das bedeutete, ich mußte über den Rhein geschmuggelt werden. Gleich neben der zerstörten Hängebrücke war eine mit Holzplanken belegte Pontonbrücke erstellt worden. Kurz bevor wir sie erreichten, mußte ich mich unter Decken und Bettzeug verstecken. Die Sonne schien von einem wolkenlosen Himmel, und ich schwitzte arg in meinem Versteck. Endlos kam mir die Zeit dort vor. Der Wagen wurde zweimal kontrolliert. Dann durften wir den Rhein überqueren.

Etwa in der Mitte der Brücke durfte ich endlich mein Versteck verlassen. Dankbar atmete ich frische Luft und sah als erstes die zerstörten Brücken, wie sie grotesk zerrissen halb im Wasser lagen, halb in der Luft schwebten. Bei diesem Anblick tat mir das Herz weh, und ich konnte die Tränen nicht zurückhalten. Vor uns lag ein Trümmermeer, die Reste einer einst blühenden Rheinmetropole. Auf dem Weg durch die Stadt sahen wir wenig Menschen. Ab und zu zog eine wie wir heimkehrende Familie ihre letzten Habseligkeiten auf einem Wägelchen hinter sich her. Unser Wagen mußte um unzählige Bombenkrater herumfahren. Die Straßen wiesen immer noch die Narben der im Bombenhagel erlittenen Verletzungen auf. Daß sie bereits wieder befahrbar waren, bedeutete eine erstaunliche Leistung der Überlebenden.

Endlich waren wir am Ziel. Das Haus, in dem wir künftig wohnen sollten, wirkte äußerlich erstaunlich unversehrt. Zwar fehlten allenthalben die Fensterscheiben, und auch das Dach sah einigermaßen zerrupft aus, doch sonst war wenig Schaden erkennbar. Lediglich im gewerblich genutzten Zwischengeschoß hatten zwei Räume gebrannt. Man erkannte es an den geschwärzten Außenmauern. Dank der neuartigen Betonbauweise war es dem Feuer nicht möglich gewesen, weiter um sich zu greifen, und es konnte gelöscht werden, ehe es weiteren Schaden anrichtete. Im Jahre 1937 hatte man dieses Haus nach den damals modernsten Erkenntnissen neu erbaut, nachdem das zuvor dort stehende Gebäude abgerissen worden war. Wie oft hatte ich als kleines Mädchen von unserer Wohnung aus den Bauarbeiten zugeschaut. Nie wäre es mir in den Sinn gekommen, daß wir einmal in dem Haus wohnen würden, das nach damaliger Ansicht als modernstes und mit allerlei Luxus ausgestattetes Mietshaus galt.

Während Papa begann, mit dem Fahrer den Wagen zu entladen, ging ich mit Mama hinauf in unser neues Heim. Es bestand aus zwei Zimmern, einer kleinen Küche, Diele und Bad. Die Räume erschienen mir riesig groß. Zwar war die

Möblierung noch einigermaßen sparsam, aber das würde sich sicher im Laufe der Zeit ändern. Vorläufig waren sämtliche Möbel von der Stadt gemietet. Sie stammten aus von ihren Besitzern verlassenen Wohnungen und Häusern. Sogar ein Klavier war dabei und wurde von mir gleich jubelnd bewundert. Von unseren in der Werkstatt gelagerten Einrichtungsresten stammten ein Tisch und vier Stühle. Der Tisch hatte früher im Herrenzimmer gestanden, und die Stühle waren Reste des Wohnzimmers. Die Fenster hatte Papa mit fester Pappe abgedichtet. Nur ein etwa metergroßes Stück Glas in der Mitte des eigentlich großen Fensters ließ Licht in den Raum, der dadurch ziemlich dunkel war. Mama öffnete die großen Türen des Fensters und zeigte mir den Balkon. Etwa sechzig Zentimeter breit und gut drei Meter lang ging er über die gesamte Breite des Zimmers und wirkte wie ein langes Handtuch. Doch für mich bedeutete er einen Luxus, den wir bisher nie besessen hatten. Einen gleich großen Balkon besaß das Schlafzimmer, wie auch alle anderen zur Straßenseite gelegenen Räume des Hauses.

Nach der langen Zeit in mehr als beengten Behausungen erschien mir unser neues Heim wie ein Palast. In der Küche fand ich den Wochenendherd wieder, der uns nach dem Fliegerschaden bereits treue Dienste geleistet hatte. Er erinnerte uns daran, daß wir Hunger verspürten und es an der Zeit war, etwas Eßbares hervorzuzaubern. Mit meinen in den vergangenen Monaten erlernten Fähigkeiten gelang es mir leicht, ein Feuer zu entzünden. Dann machte ich mich daran, aus den mitgebrachten Zutaten eine rasche Mahlzeit zu bereiten.

Während die Eltern unsere Sachen in die Wohnung schafften und gleich einigermaßen an ihrem vorgesehenen Platz verstauten, buk ich einen Berg Kirschpfannkuchen. Dabei verflog die Zeit, ohne daß wir es registrierten. Schließlich saßen wir ziemlich müde am Tisch. Nach der langen Trennung genossen wir unser Beisammensein und ließen uns die Pfannkuchen, unsere erste Mahlzeit im neuen Heim, mit Genuß schmecken. Die Anerkennung für das gelungene Essen nahm ich dankbar entgegen.

Ohne daß wir es merkten, brach der Abend herein. Die Zeit war einfach im Flug vergangen. Nun aber waren wir nach dem aufregenden Tag rechtschaffen müde. Für die nächste Zeit würde das Sofa im Wohnzimmer mein Bett sein. Vielleicht fiel uns später einmal eine bessere Lösung ein.

Ein Abschnitt meines, unseres Lebens gehörte nun der Vergangenheit an. Ab morgen würde etwas Neues und hoffentlich nur Gutes beginnen. Schon halb schlafend, dachte ich dankbar an all das Glück, das uns in den letzten furchtbaren Jahren stetig begleitet hatte. Immer wieder blieben wir in letzter Minute vor dem Schlimmsten bewahrt. Nun waren wir endlich nach Köln heimgekehrt und durften die Ängste der Vergangenheit vergessen. Wie schnell uns das gelingen würde, konnte niemand voraussagen, denn die Erinnerung blieb fest in uns eingebrannt.

Mit dem Gebet, daß nie wieder so etwas Furchtbares in unserer Heimat geschehe, schlief ich ein und träumte einer besseren Zukunft entgegen.

Epilog

Mehr als fünfzig Jahre sind seither vergangen. Was wurde aus den vollmundigen Parolen wie »Nie wieder Krieg!«?

Seither führten die Völker ständig Krieg. Jedesmal starben Menschen aus rassischen oder politischen Gründen. Auch heute noch ist Folter ein beliebtes Werkzeug der jeweiligen Machthaber. Auch hier in Deutschland, wo man es doch besser wissen sollte, erweist sich die Ruhe als trügerisch. Schon wieder müssen Mitmenschen aufgrund ihrer Herkunft um Eigentum und Leben fürchten. Und wieder sprudelt der Haß aus den gleichen braunen Quellen.

Aus diesem Grunde zeichnete ich meine Erinnerungen an einen Abschnitt der dunkelsten Zeit Deutschlands auf, damit sie nicht der Vergessenheit anheim fallen. Familie, der ich sie weitergeben könnte, besitze ich nicht mehr. Dies ist nicht zuletzt eine späte Folge der damaligen Geschehnisse.

Meine Mutter hatte vier Schwestern. Die älteste wanderte mit ihrer Familie nach Südafrika aus, wo sich ihre Spur verlor. Die jüngste Schwester wurde im Krieg auf »sanfte« Weise ermordet. Die Diabetikerin erhielt das für sie lebensnotwendige Insulin nicht mehr zugeteilt. Die zweitjüngste Schwester wies man 1938 wegen Rassenschande mittellos aus. Sie hatte es gewagt, einen Polizeioffizier zu lieben, der daraufhin einer Strafkompanie zugeteilt wurde. Die zweitälteste Schwester schließlich befolgte 1944 die Vorladung der Gestapo ins Lager nach Müngersdorf. Ihr kranker Mann starb nach sechs Wochen schwerer Zwangsarbeit in einer Berliner Fabrik. Sie selbst kam nach Theresienstadt und kehrte 1945 als menschliches Wrack heim. Sie starb dann an den Spätfolgen des Lageraufenthalts. Die in Holland lebende entferntere Verwandtschaft verschwand ohne Wiederkehr in den Lagern der Machthaber.

Aus der Chronik zur Geschichte der Stadt Köln:
»Am Ende der Naziherrschaft in der Rheinmetropole steht diese traurige Bilanz: die Innenstadt ist total zerstört, 30 Millionen Kubikmeter Trümmerschutt bedecken den Boden, von den einst 768 000 Einwohnern leben nur noch 40 000 in der Stadt, davon 10 000 links-, 30 000 rechtsrheinisch, alle 5 Brücken sind vernichtet. (...) Von 68 582 Gebäuden 1939 sind 1945 über 30 000 zerstört, die einst 252 373 Wohnungen um 120 000 dezimiert.«

Chronik zur Geschichte der Stadt Köln, herausgegeben von Peter Fuchs, München 1992, S. 257.

Das Zitat auf Seite 43 entstammt der *Chronik Köln, herausgegeben von Carl Dietmar, 3. Aufl. München 1997, S. 406.*

Anhang

Auf den folgenden Seiten ist das Heft »Heimatkläng'« mit Geschichten und Schwänken aus dem alten Köln wiedergegeben, das Inge Hoberg im Jahr 1944 für ihre Eltern als Weihnachtsgeschenk anfertigte.

Inge Roberg, IV 6

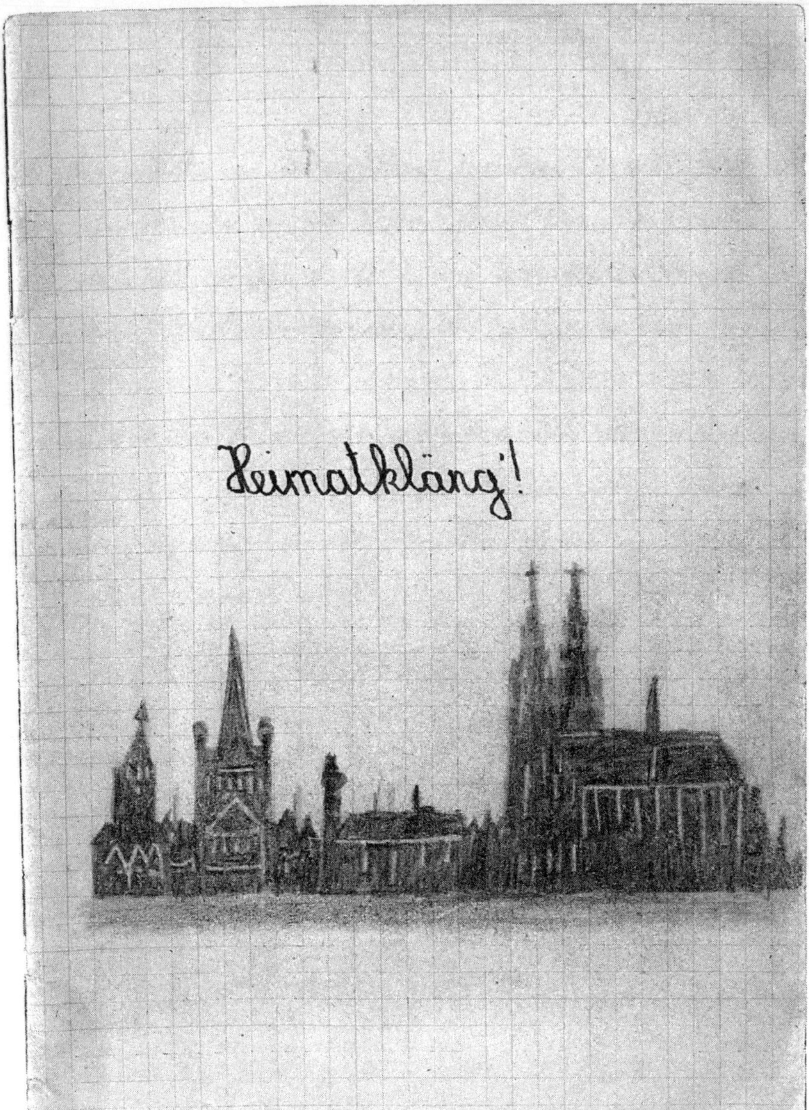
Heimatkläng!

Engelsurteil.

Der Herrgott soß ens wohlgeborge en singem Himmelszelt.
Dö reef hä sich fünf Engel her un schekte se en de Welt.
Se sollte spioneere gon, wat immer op der Ääd
För Aug un Ohr, Nas, Mungk un Hätz et bess gefallen dät.

Wie nu en Zick verflosse wor, stellt sich der eeschte
Maht schön sing Rezensiun un säht: „Su wick ge- [illegible]
En Nord un Oss un Süd un West, su wick ming Aug och ging,
Ich sooch nix Schönners als der Dom un 't hellige Köln am Rhing.

Köllen alaaf!

Dann trat der zweite Engel vör un maht ne deefe Knies:
„Ich han," säht hä, „vill Schöns gehoot, doch sag' [illegible]
Als dat wor all dä Klänge, die der Schall vum Ohr [illegible]
Mer keine klung su söß en Ohr als wie de Kölsche Sproch [illegible]

Köllen alaaf!

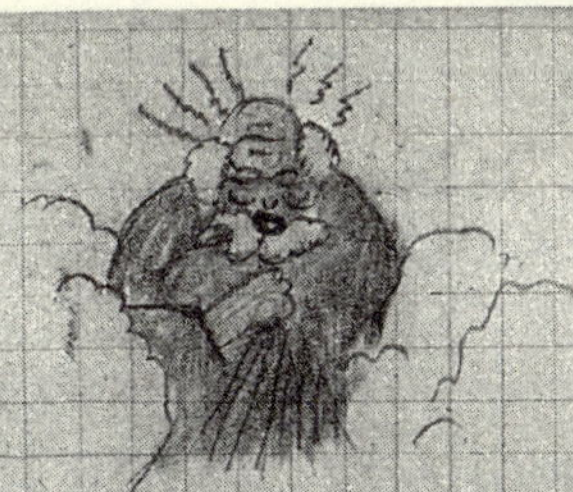

E Stündchen drop do kom der dreit, stallt sich in Positor
Un säht: „Ich pröfte jeden Duff en Gade, Feld un Flor;
Do gov et Wohlgerüche, die ich wirklich himmlisch fung:
Doch Häär, et Fingste vör de Nas, dat wor Odekolung.
Köllen alaaf!

Räach spät, et wor ald Ovend, schwankte der veete Engel her;
Hä gröss der Häär un leich mein Kopp, ne Kruse fel im ze schwer.
„Bromosium un Neltor," säht hä, „ess jo alles Dreck!
Probeet nor ens en ech Glas Kölsch, ich sagen üch, dat schmeck."
Köllen alaaf!

Der fünfte Engel övver, dä vum Hätre gov Bericht
Dä scheck dem Häre e Tilligramm, dateet vum Göözenich:
„Ich setzen hee om Maskenball glöcksillig en ner Grott
Un han en leev kölsch Weech im Ärm - mich kritt hee keiner fott."

Köllen Alaaf!!!

Jünnes

Tünnes kommt zum Rechtsanwalt und will sich Rat in seinem Ehekonflikt holen, weil er immer wieder seine Frau mit dem Gesellen nebeneinander auf dem Sofa sitzend antrifft. Er hätte beide schon verwarnt, aber das hätte nicht geholfen. „Ja," sagt der Anwalt, „dann schmeissen Sie doch den Gesellen hinaus!" – „Dat geht nit," sagt Tünnes, „ich han en ze nödig em Geschäff." Der Anwalt spricht von Scheidung, aber davon will Tünnes nichts wissen und zieht nun unbefriedigt ab. Etwa acht Tage später sieht der Anwalt Tünnes ganz vergnügt auf der Strasse und fragt ihn, wie die Sache steht. „Och," sagt Tünnes schmunzelnd „dat han ich schlauer gemacht, ich han dat Sofa verkauf!"

Kölner Schusterjungen polka

Mer setzen bovven ungerm Dach
Gemöchlich op der Bänn;
Dä Pechdroht flutsch, dä Spannreem kraach,
Der Schweiß driev uns vum Hänn.
Am Stivvelchen doh fehlt ne Stropp,
Dä Schohn, dä kritt de Nuel gestopp;
Ne dä Pantuffel wad geböht,
Dä Stivvel kritt neu Aecht.

Mer lappe, mer pappe,
Schlonn kräftig op dä Penn!

Denn all die Schusterjungen han immer,
han immer
Denn all die Schusterjungen han immer
löst'ge Senn.

Wenn morgens de Frau Meistersch weck,
Dann springen op mer flott,
Schnell ess dann och der Desch gedeck,
Et dämp der Kaffeepott.
Om zehn Uhr geit dä Ahl dann hen
Schött jedem singe Knuvvel en,
Wie schmeck zum Fröhstöck dä 'ne nett
Beim Schusterkotelett.
Mer stecke, mer flecke,
Schlam kräftig op dä Penn!
Denn all die Schusterjungen han immer, han immer
Denn all die Schusterjungen han immer löst'ge Senn

Zwei Kölsche fahren mit dem „Klingelbähnche" nach Frechen, um dort ihre gemeinsame Schwiegermutter zu beerdigen. Es geschah zwar nicht aus besonderer Anhänglichkeit, denn die verstorbene Frau hatte ihnen zu Lebzeiten oft ganz gehörig die Köpfe gewaschen. Sie schließen sich kurzerhand dem schon gebildeten Trauerzuge an und stehen gleich darauf gedrängt am Grabe und hören die Rede des Pastors, der in den höchsten Tönen von der Milde, der Herzensgüte und der Liebe dieser Verstorbenen spricht. Mit wachsendem Erstaunen hören die beiden zu, da stößt der eine den anderen an und sagt: „Pitter, loß mer gonn, mer sin am verkehrte Grav."

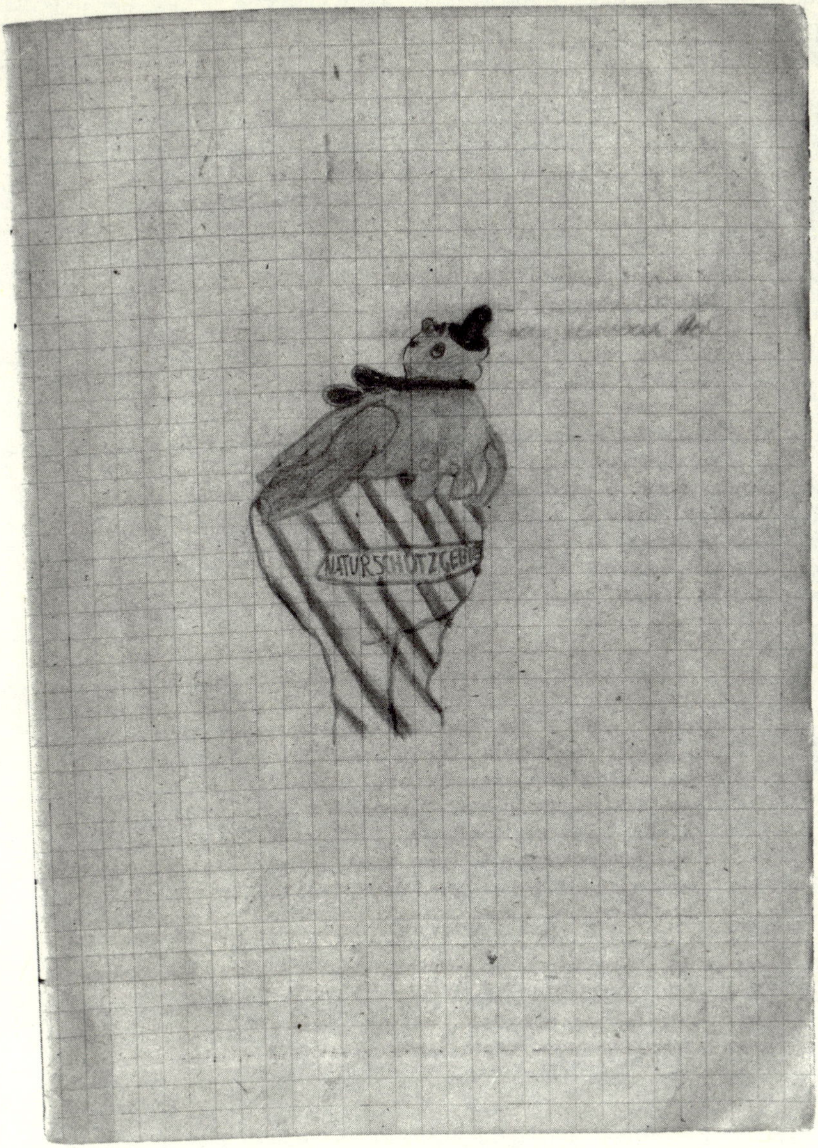
NATURSCHUTZGEBI

„Der kölsche Lohengrin"
oder „Bestrofte Neugeer"

Op ehrer Burg zo Haute,
Met allerhand Trabante,
Doh woonte, wor bekannt,
Et Elsa vun Brabant.
Et hatt nit Vatter noch Moder,
Un wor 'ne kleinen Broder;
Dän hät se grus'lig ömgebraht; –
Su wood ale behaupgebraht.
Dröm der Künning satte sich ung'r de Linde,
Un der Herold rof hä alle Winde:
Dat gekröpp et Elsa sicher wööd,
Wann keiner för de Unscholdt
fechte kön wie't sich gehöört.

Lang wollt' et keine kumme; –
„Jawoll, gebacke Prumme!",
Su rof dä Telramund,
Su giftig wie hä kunnt. –
Et Els' hod zo bedore,
Dat ärm Minsch wor ga verlore
Noh einem vun der Ritterschaff
Der Rhing erop, wore.
Doh op eimol rief dat Volk: „E Wunder!"
Denn et kom 'ne Schwan der Rhing erunder.
Vör en Naache, dän der Vugel trock,
Doh stund 'ne schöne stolze Kääl. –
Der Telramund verschrock.

Un wie ne Donnerwedder
Doh kom hä glich an't Ledder
Däm falsche Telramund.—
Dat wor däm Lump gesund.
Et Els wood freigesproche,
Un en de nächste Woche
Sparaate, prächtig opgekratz,
Dann Hä nu 't doh' 'n Platz:
Och, en Esse! wie dat gingk wunder!
Hummer, Lachs, e Ferkel en Burgunder,—
Dat dem Volk, dat hungrig Vivat reef,
Et Wasser en dat Muul
als wie en Seule zesamme leef.

Dat ess nu zo gelunge,
Hä hätt sich usbedunge,
Dat it nit froge sollt
En ehrer Urgeschicht:
Noh im, noh singem Name,
Un wat för Ahnes dren stünne,
Söns wör et Tapfstöck för de Katz,
Un glich wööd dogekratz.
Wören se do nett noh'n Bett gegange,
Hätt se nit ze frogen angefange!—
Doch om Kanapee de halve Naach,
Doh sossen se un sungen se,—
wer hätt sujet gedaach!

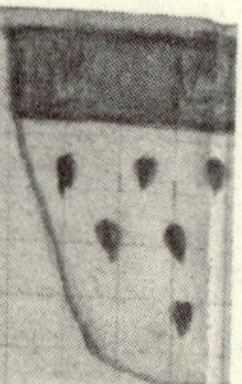

Un wie se su do soss,
Doh kunnt sei't doch nit lohse
Un sät för ehre Mann:
„Wie heisch do eijentlich dann?
Sag, heisch do Köbes Ritter?
Wat bess do för ne Ritter?
Häss do die Vatter och gekannt?
Wo litt dinn Heimatland?"
Och, do wood hä wieß als wie 'ne Giovel
Wödig fohr hä en de Wasserstivvel!
Wer ich ben? Der Lohengrin ben ich!
„Meer han jet an de Fööss
Madam, verzeihen ich üch!"

Un flöute op 'em Flöutche: –
„Adjüs, adjüs, leev Bräutche!
Kick doh, der Schwan! der Schwan!
Doh küht 'e ald ran.
Jetz läßt sich nix mieh maache!"
Dann sprung hä en der Naache
Un winkte lang noch met der Hand
Dem Elsa vun Brabant.
Un et Sackdoch kreech bedröv dat Trudche
Un it schwenkte met däm Sonnenschirmche
Doch der Schwanenritter bleev nit jet
Doh gingk it widder op de Burg
un leht sich en et Bett.

Ein pfiffiger Kölner kommt auf den Markt und will sich Fische kaufen, aber nur lebendfrische, und wählt nun einen Karpfen. Zur Sicherheit fragt er die Frau nochmals, ob der Fisch auch wirklich frisch sei und da antwortet sie ihm, das sähe er doch, der Fisch lebe ja noch. „Ja," antwortete der Kölner, „aber Madam, Ihr lävt auch schon, ävver frisch seid Ihr doch nit mieh."

Alaaf Kölle!

Un tröck ich en de Welt erus,
Su wick der Foos mich dräg -
Ich fing mich nirgends esu zo Hus
Un nirgends esu vergnög.

Als do wo ich geboren ben,
Ich mein zo Köln am Rhing;
Op Heim do trick mich Hätz un Senn
Noch Kölle bei de Rhing. -

Meer Rhingsche sin 'nen eige Schlag,
Vun Villen ärg verkannt.
Doch wo 'mer och de Welt durjag
Un geit vun Land zu Land,

Dat, wat meer Kölschen eigen han,
Dat fingk mer anderschwo nit,
Weil keiner sich erzwinge kann,
Wat en Geblöt uns litt.

Ein jedes Deil zo singer Zick:
De Arbeit un de Freud,
Dann bliev mer och op singem Schick
Trotz allem Krütz un Leid.

Wat notz mich all et Geld op Häuf,
Wann et Gemöt bedröck
Meer han, wat mer för Geld nit käuf:
Der Frohsinn ess uns Glöck.

Hänneschen

Der kleine fünfjährige Eugen Schmitz hatte sich den Kölner Dialekt so schön angewöhnt, dass ihn nur noch „Eingeborene" verstanden. Und so beschlossen die Eltern, ihn für ein halbes Jahr auf ein Dorf in die Nähe von Hannover zu schicken, wo bekanntlich das beste Deutsch gesprochen wird. Nach drei Monaten hatte Frau Schmitz keine Ruhe mehr, und der Vater mußte sehen, wie es dem Jungen geht. – Vater Schmitz fuhr mit grossen Hoffnungen hin, und kam nach acht Tagen freudestrahlend zurück. „No wie geht et dem Jung?" – „Och, ganz gut." – „Hätt die Sach got gegange?" – „O jo, et ganze Dörp spricht kölsch."

Em Thiater.

Der Schnieder Pitter met singem Nett
Em Thiater sohsen em Parkett;
Un hinger inne sitz su en Gedanke
Ehre Fründ, der Mathes Franke.
Doh süht der Mathes bi der Frau
'ne wiesse Fadden an dem Schlitz (Schnieder)
Un do trick no dä Mathes Franke
An däm Fadden su en Gedanke,-
Hä trick un trick ohne Pus,-
Et kütt ald luter mieh erus...
Un je mieh hä trick doran,
Desto länger weed dat Gaan.
Hä weckelt dat zo 'nem Knüvel op
Su deck als wie 'ne Kinderkopp
Un en Gedanken hä dann stich
Da Knüvel en de Täsch 'nen sich.

Wie der Schmitz wo noh 'e par Dage
Troof dä Franke, - dät hä sage:
„Letz ess en Theater, hö't,
Minger Frau doch jet passeet,
Ich muß sage, dat dat ess
Doch wal noch nit dogewäsen,
Denkt ens, wat en Düvelswerk:
Ohne dat se jet gemerk,
Wod - wer hätt't nit gläuve solle, -
Ehr de Botz vum Liev gestolle.

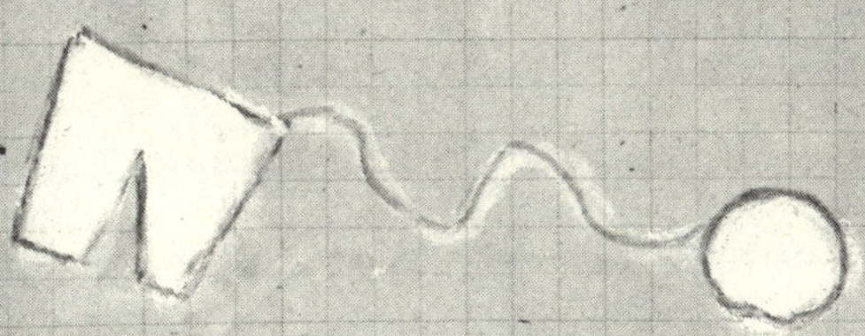

Zwei Marktweiber geraten in einen heftigen Streit. Der einen gelingt es, ihrer Feindin einen „Päädsköttel" gerade in den zum Schimpfreden weit geöffneten Mund zu schmeissen. Ein drittes Marktweib, welches eifrig mitgestochert hatte, ruft ihrer Freundin zu: „Sting, halt ihm en der Mund bis der Schwarzschaut kütt, dann hät'ste der Beweis!"

Schäl

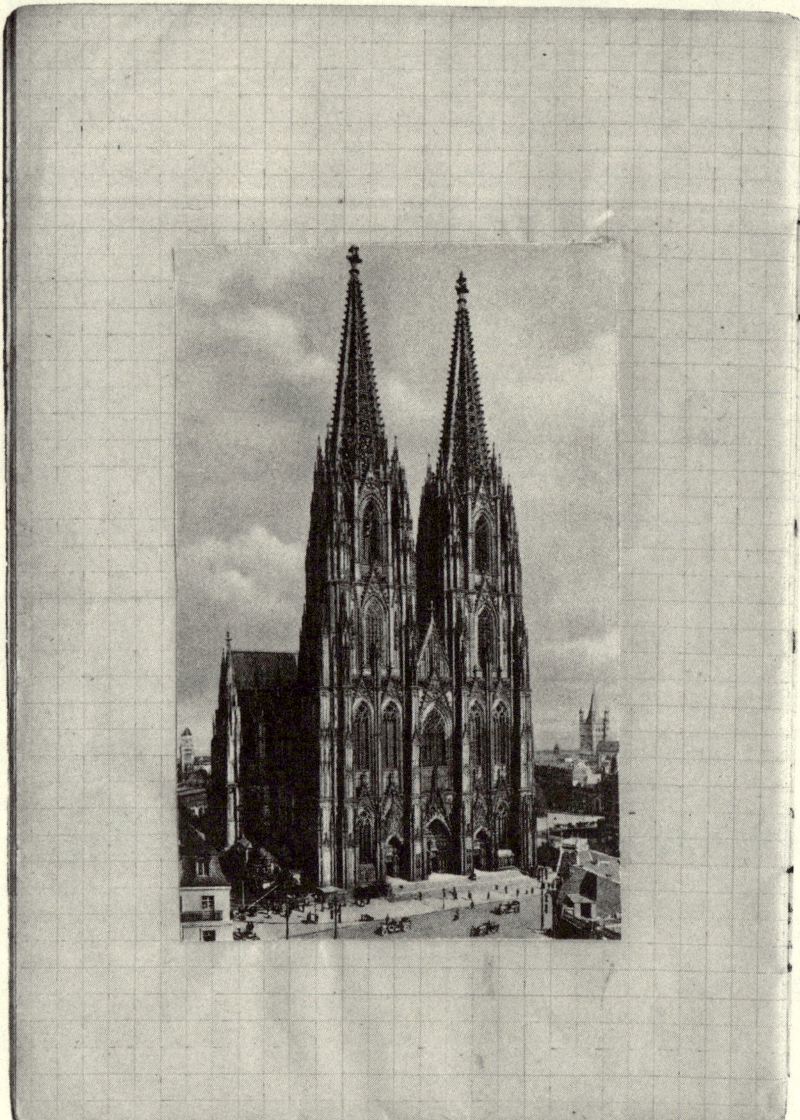

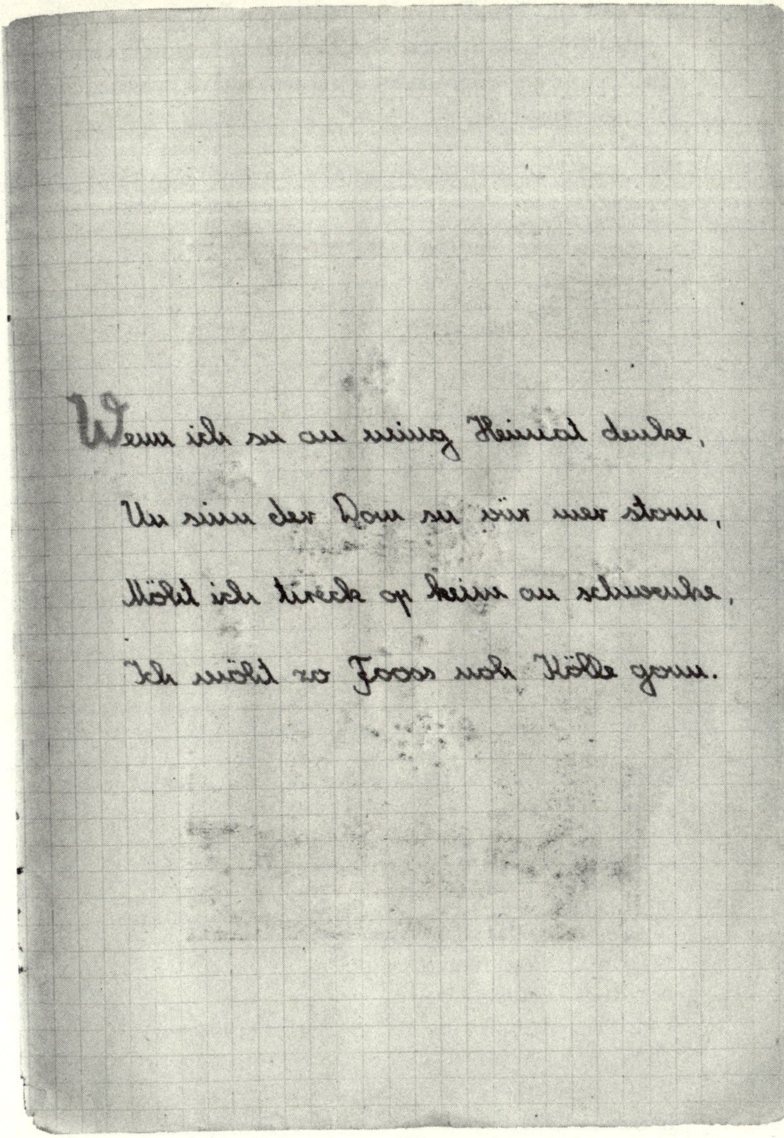

Wenn ich su an ming Heimat denke,

Un sinn der Dom su vür mer stonn,

Möht ich tireck op heim an schwenke,

Ich möht zo Foos noh Kölle gonn.

Die geschilderten Ereignisse beruhen auf tatsächlichen Begebenheiten. Zum Schutze der Persönlichkeit noch lebender, im Bericht vorkommender Personen wurde weitgehend auf Namen verzichtet.

Umschlagfotografien und Abbildungen im Innenteil im Besitz der Autorin
Umschlaggestaltung: Atelier Schaller, Köln
Druck und Bindung: Clausen & Bosse GmbH, Leck
Printed in Germany 1998
ISBN 3-89705-110-9